KB241920

근대인의 탄생

프로테스탄티즘의 윤리와
자본주의 정신

근대인의 탄생

프로테스탄티즘의 윤리와
자본주의 정신

김성은 지음
막스 베버 원저

Mirae N 아이세움

1. 베버의 원저에 대해 국내 번역서들은 『프로테스탄티즘의 윤리와 자본주의 정신』 혹은 『프로테스탄트 윤리와 자본주의 정신』으로 제목을 붙이고 있다. 사전에 따르면 프로테스탄티즘은 '개신교', 프로테스탄트는 '개신교도' 혹은 '개신교'로 번역할 수 있다. 그러나 국내 번역서들은 프로테스탄티즘이란 용어를 번역하지 않고 그대로 사용하는데, 이는 베버가 연구 대상으로 삼고 있는 16~17세기 무렵 서유럽의 역사적 프로테스탄티즘과 오늘날의 개신교(특히 한국의 개신교)를 혼동하는 일을 막기 위해서다. 이 책도 국내 번역서의 관례에 따라 '프로테스탄티즘', '프로테스탄트'를 번역하지 않고 그대로 쓴다.

2. 베버의 원저는 처음에 두 편의 논문 형태로 1904~1905년 『사회과학과 사회정책 저널』에 실렸고, 약간의 수정을 거쳐 1920년 『종교사회학 논문집』의 첫 장으로 포함되었다. 이 책은 1920년에 개정된 내용을 해설하며 베버의 중요한 문제의식을 담고 있는 『종교사회학 논문집』의 저자 '서문'도 해설 대상에 포함한다.

3. 이 책은 기독교의 신을 '하나님'으로 지칭하며 성경 인용은 대한성서공회의 '개역개정판'을 사용했다. 이러한 방침은 가톨릭보다 프로테스탄티즘에 대한 얘기가 월등히 많은 책의 특성 때문일 뿐, 종교적인 가치 판단과는 아무런 상관이 없다.

4. 인용문의 굵은 글씨는 모두 베버가 직접 강조한 것이다.

5. 책 말미의 '종교개혁 연표'는 티모시 존스, 『하루 만에 꿰뚫는 기독교 역사』(배응준 옮김, 규장, 2007)와 프레데리크 들루슈 편, 『새유럽의 역사』(윤승준 옮김, 까치, 1995)를 참고하여 작성했으며, '베버 연표'는 막스 베버, 『프로테스탄티즘의 윤리와 자본주의 정신—보론: 프로테스탄티즘의 분파들과 자본주의 정신』(김덕영 옮김, 길, 2010)에 첨부된 연표가 가장 상세하여 주로 참고했다.

더 넓은 세계로 안내하는 거인의 목소리

막스 베버의 『프로테스탄티즘의 윤리와 자본주의 정신』은 20세기 사회과학을 대표하는 저술 중 하나로 온갖 영광을 한 몸에 받고 있는 고전이다. 언론이나 대학에서 선정한 권장 도서 100선에 빠지지 않고 들어가는 것은 물론이며, 특히 사회과학 분야의 고전을 꼽는 목록에는 늘 열 손가락 안에 든다.

학술지 논문 두 편 정도의 짧은 본문에, 주석이 본문보다 길며 무슨 내용일지 쉽게 짐작이 가지 않는 제목을 달고 있는 이 책이 어떻게 20세기 사회과학을 대표하는 저술이 되었을까? 많은 사람들이 자본주의의 정신적 토대와 프로테스탄티즘 사이의 관계를 최초로 밝힌 탁월함에서 그 이유를 찾았다. 또한 단지 종교와 자본주의라는, 근대의 가장 중요한 두 요소를 연결시킨 기발함만으로도 충분히 주목받을 만하다고 주장하는 사람도 있었다.

그런데 이 책은 딱딱한 사회과학 논문에 그치지 않는다. 베버의 엄격한 연구 자세와 정연하면서도 웅대한 논리는 사회과학을 전공하지 않은 사람들에게도 특별한 감동을 주었다. 소설가 장정일은 자신의 독서일기에 "3분의 1 정도 읽었을 때, 갑자기 머릿속이 환하게 밝아졌다."며 이 책을 읽었을 때의 감격을 기록해 두기도 했다.

나도 대학 1학년 가을에 비슷한 경험을 했다. 마지막 한 줄까지 다 읽고 책을 덮은 다음, 한동안 그 자리에 우두커니 앉아 있었다. 대학에 갓 들어와 자신의 앞가림조차 버거워하는 젊은이에게 거인이 다가와 이렇게 속삭이는 듯했다. "머리 위에는 그저 파란 하늘밖에 없는 것 같지만, 그 위에는 우리가 볼 수 없는 거대한 우주가 있단다."라고.

만약 내가 좀 더 영리하고 계산이 빠른 사람이었다면 그 후 공부를 멀리하는 게 좋았을 것이다. 『무진기행』 같은 소설을 읽고 소설가의 꿈을 일찌감치 포기하는 사람처럼 '아, 이런 일은 평범한 사람이 손 댈 게 아니구나.' 깨달아야 옳았다. 하지만 미련하게도 평생 공부를 하겠다고 발버둥 치게 된 것은 어쩌면 그때의 감동을 잊지 못하기 때문일지도 모른다.

사실 사회과학의 거장들이 평생 연구하여 내어놓은 얘기들이라고 해서 모두 옳다는 보장은 없다. 우리는 여전히 인간과 세계에 대해 아무것도 모르거나 아주 사소한 몇 가지만 간신히 알고 있는 것일지도 모른다. 베버 역시 옳은 것보다 틀린 게 더 많을 수도 있다. 그러나 최선을 다해 길을 걸은 사람들은 간혹 잘못된 길을 헤매더라도 후세에 큰 도움이 되는 발자취를 남기기 마련이다. 우리는 베버가 만든 이정표와 지도의 도움을 받아 좀 더 앞으로 나아갈 수 있다.

유명세만큼 『프로테스탄티즘의 윤리와 자본주의 정신』에 대한 해설서가 이미 여러 권 나와 있는 상황에서 굳이 해설서 한 권을 더 추가하는 이유는, 이 고전을 통해 생각해 볼 만한 문제들이 여전히 많이 남아 있기 때문이다. 또한 다른 해설서들이 이런저런 이유로 남겨 둔 빈틈을 이 해설서가 메우는 면도 있을 것이다. 그러나 해설서가 아무리 훌륭하다고 해도 길잡이 역할에 그칠 뿐, 원전의 풍부한 내용을 모두 다룰 수는 없다. 원전을 읽은 후 참고삼아 해설서를 접한 독자도 있을 테지만, 아직 읽지 않은 독자라면 꼭 원전과 만나 거인의 목소리를 직접 들어 보기 바란다.

이 책을 준비하면서 많은 도움을 받았다. 책을 만드는 과정에서 오랫동안 고생하신 아이세움의 홍창의 님, 김미정 님, 편집부의 여러분들, 퇴고를 도와준 학우 김정환 님께 감사한다. 사랑하는 가족, 친구들, 사회학과의 은사님, 동료들께는 다른 자리에서 일일이 고마운 마음을 전하고 싶다. 독자께 감사하며 많은 질책을 바란다.

2010. 12.

김성은

차 례

"맥주보다 빵이 낫다."

1725년 영국 런던 중심가의 한 인쇄소에 미국 필라델피아에서 온 인쇄공이 한 명 있었다. 이제 갓 스무 살이 된 미국인 인쇄공은 여러 모로 독특한 젊은이였다. 같이 일하는 50여 명의 인쇄공들은 그에게 힘든 일을 도맡겼는데, 그는 오히려 "마침 운동이 부족했는데 잘 됐네요." 하며 즐겁게 일했다. 다른 직원들이 두 손으로 간신히 옮기는 커다란 활자판을 그는 양손에 하나씩 들고 부지런히 계단을 오르내렸다.

그런데 다른 인쇄공들이 보기에 가장 특이한 점은 그가 일을 하면서 물 이외에는 아무것도 마시지 않는다는 사실이었다. 다른 인쇄공들은 그 무렵 영국의 대부분 노동자들이 그러하듯 대단한 술고래였다. 그들은 맹물만 마시는 미국인 인쇄공이 틈만 나면 술을 마시는 자신들보다 힘이 센 것을 이해할 수 없었다.

당시 영국 사람들이 즐겨 마시던 술은 '에일ale'이라고 불리는, 알코올 도수가 높고 쓴 맛이 강한 맥주였다. 인쇄공들은 아침 식사전에 이 독한 맥주를 한 잔 마시고, 아침 식사를 하면서 한 잔 더 마시는 걸로 하루를 시작했다. 점심 식사에도 맥주 한 잔이 빠지지 않았고 오후 6시쯤에 간식으로 한 잔 더, 그리고 일을 마치고 나면 마음껏 맥주를 퍼마셨다. 이렇게 매일 술을 마시다가도 한 주가 끝난 토요일 저녁에는 또 다 같이 맥줏집에 모여서 평일 동안 마셨던 맥주 양만큼을 하룻저녁에 다 마셨다.

어느 날 인쇄공들이 단골로 다니는 맥줏집 점원이 궁금증을 참지 못하고 미국인 인쇄공에게 물었다.

"어이, 너는 어떻게 물만 마시면서 힘든 일을 할 수가 있지? 도대체 힘이 어디서 나오는 거야?"

"글쎄, 확실히 술에서 힘이 나오는 건 아니겠지. 기분이 조금 들뜰 뿐이지 맥주를 마신다고 힘이 날 리 없잖아. 맥주에는 기껏해야 보릿가루 한 줌 정도 들어 있을 텐데, 그 정도는 싸구려 빵 한 조각에도 똑같이 들어 있다고. 그러니까 괜히 돈 더 주고 맥주를 마시느니 물 한 잔과 빵을 먹는 게 낫지."

맥줏집 점원과 인쇄공들은 어처구니가 없어서 웃음을 터뜨렸다.

"맥주보다 빵이 낫다고? 거 참, 오래 살다 보니 별 소리를 다 듣겠네."

동료 인쇄공들은 '이 녀석은 정말 별종이구나.' 판단하고 더 이상 억지로 술을 권하지 않았다. 미국인 인쇄공 역시 자신의 합리적인 설득에 전혀 굴하지 않고 계속해서 술을 마셔 대는 동료 인쇄공

 근대인의 탄생 프로테스탄티즘의 윤리와 자본주의 정신

들에게 두 손 들었다. 그는 힘들게 일해서 번 돈을 맥줏집에 고스란히 갖다 바치는 동료들을 이해할 수 없었다.

'이러니 가난뱅이들은 언제나 그 모양 그 꼴일 수밖에 없지.'

그는 속으로 탄식했다.

힘든 일을 신체 단련을 위한 운동으로 여기고 맥주보다 빵이 낫다고 혼자 우기던 이 미국인 인쇄공은 얼마 뒤 미국으로 돌아갔다. 그는 미국에서도 인쇄소 일을 계속하다가 자신의 인쇄소를 차렸다. 인쇄소를 경영하며 신문을 발행하기 시작했고 주 의회 서기로 임명되었다. 필라델피아 우체국장으로 일하기도 하고 필라델피아 대학교, 병원 설립에 참여했다. 연을 날려 번개와 전기의 방전이 동일하다는 것을 증명했고 피뢰침을 발명했다. 이 사람은 오늘날 미국 건국의 아버지로 불리며 100달러 지폐에 얼굴이 실려 있는 벤자민 프랭클린(Benjamin Franklin, 1706~1790)이다.

미국 100달러 지폐에 실려 있는 벤자민 프랭클린. 정치가이자 경영자, 과학자로서 미국 건국의 아버지로 불린다.

18~19세기 서양에서는 오늘날 세계사 교과서에서 중요하게 다루는 사건들이 연달아 벌어졌다. 미국 독립전쟁(1775~1783), 프랑스 혁명(1789), 독일의 통일(1871) 등 굵직한 사건들이 백 년도 안 되는 짧은 기간에 한꺼번에 일어났다. 또한 이 시기는 유럽 여러 나라에서 산업혁명이 시작되어 자본주의가 뿌리를 내리던 시기이기도 하다.

산업혁명으로 거대한 공장이 들어서기 전, 사람들의 일상은 오늘날에 비해 매우 단순한 편이었다. 1720년경 영국의 한 제조업자의 생활을 그린 자료에 따르면, 작업장 주인이나 작업장에 고용된 일꾼들이나 일상생활에 큰 차이가 없었다. 주인이든 견습공이든 아침 6시에 일어나 함께 죽 한 그릇씩 먹고 일을 시작했다. 작업장 주인이라고 해서 엄청나게 큰돈을 버는 것도 아니었고 날마다 그날의 생활비를 간신히 벌었다. 주인이든 일꾼이든 늘 집과 작업장만 왔다 갔다 했고, 놀 거리라고는 저녁에 술집에 가는 게 전부였다. 술집에 가서 맥주를 마시고 담배를 피우는 것이 유일한 여가 생활이었다.

그런데 기계가 들어서고 공장이 커지면서 사람들의 일상도 급격히 달라지기 시작했다. 양털을 깎고 소젖을 짜며 살던 사람들, 가족이 옹기종기 모여 앉아 가죽신을 만들며 살던 사람들이 이제 거대한 공장으로 매일 출근하기 시작했다. 기계가 힘차게 돌아가는 동안 사람들은 기계 옆에 서서 보조 일꾼으로 일했다. 아이들도 대여섯 살만 되면 공장에 나가 하루 열여섯 시간씩 일을 거들었다.

공장의 엄격한 규율 아래 노동자들은 더 이상 게으름을 피울 수 없게 되었다. 술이 덜 깨어 벌그레한 얼굴로 일하거나 남보다 느긋하게 일하는 노동자는 곧바로 공장에서 쫓겨났다. 일자리를 구하는 사람들이 공장 밖에 줄을 지어 기다리고 있었기 때문에 주정뱅이, 게으름뱅이에게까지 일자리가 주어질 리 없었다.

사람들은 점차 새로운 시대에 적응해 나갔다. 자본주의에 적합한 인간으로 탈바꿈했다. 이제 일 분 일 초를 아끼며 부지런히 일하는

산업혁명으로 거대한 공장이 들어서면서 사람들의 일상도 급격히 달라져, 한가로움은 사라지고 삶이 롤러코스터처럼 바쁘게 돌아가기 시작했다.

사람만이 살아남을 수 있었다. 눈 뜨면 맥주 한 잔으로 하루를 시작해서 하루 종일 맥주와 벗 삼아 보내는 한가로운 생활은 최소한 도시에서는 찾아보기 힘든 모습이 되었다. 모두 함께 롤러코스터를 탄 것처럼 사람들의 삶이 빠르게 돌기 시작했다. 열심히 일해서 되는 대로 빨리 많은 돈을 모아 집을 사고 아이들을 교육시켜야 했다. 남보다 조금이라도 더 놀거나 게으름을 피우다 보면 어느 한순간 롤러코스터에서 떨어져 나갈지 몰랐다.

그런데 과연 사람들은 자기도 모르게 들이닥친 자본주의에 뒤늦게 적응하기 위해 안간힘을 쓰기만 한 것일까? 어쩌면 자본주의야말로 사람들 스스로 만들어 낸 것이 아닐까? 18~19세기에 벌어진, 오늘날 세계사 교과서의 주요 부분을 차지하고 있는 거대한 사건들 이전에 이미 무언가 중대한 변화가 있었던 것은 아닐까?

독일의 사회과학자 막스 베버(Max Weber, 1864~1920)는 이러한 의문을 품고 굵직한 역사적 사건들만 볼 게 아니라 좀 더 세심하게 사람들의 생각과 행동을 살펴보아야 한다고 생각했다. 사람은 달라진 환경에 뒤늦게 적응하기만 하는 존재가 아니라 스스로 환경을 바꾸는 존재이기 때문이다. 그는 거대한 사건들이 벌어지기 전인 16~17세기를 주목하기 시작했다. 아무 일도 없이 평온하기만 한 듯 보였던 그 시기에 중요한 어떤 변화가 있었는데 우리가 그것을 놓치고 있는 것은 아닌지 의심했다.

　　　근대인의 탄생 프로테스탄티즘의 윤리와 자본주의 정신

베버는 현대사회가 19세기에 벼락같이 등장한 것이 아니라 어쩌면 훨씬 오래전부터 준비되고 있었을지도 모른다고 생각했다. 그는 수많은 자료를 뒤지다가 자신보다 한 세기 이전 사람인 프랭클린에 시선을 멈췄다.

'이 사람은 정말 독특하다.'

베버는 프랭클린에게서 해답의 실마리를 발견했다. 프랭클린은 부자가 되길 원하는 젊은이들에게 다음과 같은 교훈을 들려주었다.

"시간은 돈이다." 이 말을 잊지 말게. 하루에 10실링을 벌 수 있는

막스 베버. 자본주의야말로 인간이 스스로 만들어 낸 것이 아닐까 의문을 품고, 자본주의의 기원을 밝히기 위해 16~17세기로 거슬러 올라가 사람들의 생각과 행동을 연구했다.

사람이 오전에만 일하고 오후에는 일하지 않았다고 하세나. 그리고 기분 전환을 위해 6펜스를 썼다고 하세. 그럴 경우 이 사람은 '고작 6펜스를 썼군.' 하고 생각하기 쉽네. 하지만 실제로는 그렇지 않다는 걸 알아야 하네. 사실 이 사람은 오후에 일하지 않아서 받지 못한 5실링을 더 써 버린 것과 같네. 아니, 그냥 갖다 버린 셈이지.

"신용은 돈이다." 이 말을 잊지 말게. 누군가 나에게 돈을 빌려 주고 기한이 지나도 갚으란 독촉 없이 계속 맡겨 두었다면, 나는 그 돈과 이자로 다른 일을 할 수 있는 기회를 얻은 것이라네. 좋은 신용을 가지고 그것을 잘 이용한다면 자네가 얻을 수 있는 돈은 결코 적지 않은 금액이 될 걸세.

— 벤자민 프랭클린, 『젊은 상인에게 보내는 편지』

프랭클린은 부자가 되기 위해서 시간이 곧 돈이고, 신용도 돈이 됨을 명심하라고 충고한다. 그런데 프랭클린이 굳이 질문하지 않은 것이 있다. 왜 부자가 되어야 하는가? 왜 돈을 불리고 또 불려야만 하는가? 프랭클린과 같이 일했던 인쇄공들은 하루 일을 마치고 마음껏 맥주를 마실 수 있을 정도만 돈을 벌면 세상에 부러울 게 없었다. 그런데 프랭클린은 맥주도 마시지 않고, 채식주의자이기에 고기도 한 점 안 먹으면서 왜 그토록 돈을 불리기 위해서 애썼던 것일까?

베버는 프랭클린이 단지 부자가 되기 위한 처세술을 말하는 것이 아니라고 생각했다. 그가 보기에 프랭클린은 현대사회의 독특한 윤리를 설파하고 있었던 것이다. 베버는 프랭클린에게서 자본주의에 힘을 불어넣은 새로운 인간형을 발견했다. 이 새로운 인간은 단순히 잘 먹고 잘 놀기 위해서 돈을 벌지 않는다. 무엇을 사기 위해서나 어떤 즐거움을 누리기 위해서가 아니라, 돈벌이 자체가 인생의 목적이 되었다.

어쩌면 기계를 들여놓은 거대한 공장에 많은 노동자들이 고용되어 일하기도 전에, 이처럼 우직하게 돈벌이에 몰두한 인간의 등장에서 이미 자본주의는 싹트기 시작한 것이 아닐까? 베버는 의문을 풀기 위해 연구를 시작했다.

Capitali

1

자본주의의 기원을 찾아서

오늘날 사회학자들은 베버를 마르크스(Karl Marx, 1818~1883),

뒤르켐(Émile Durkheim, 1858~1917)과 더불어 고전 사회학의 3대 대가大家 중

한 명으로 꼽는다. 하지만 베버는 사회학자일 뿐만 아니라

법학자, 경제학자, 철학자, 종교학자이자 역사학자였다.

그는 단순히 특정 학문의 발전에 힘쓴 학자가 아니라

학문의 경계를 자유롭게 넘나들며 인간과 사회에 대해 질문한 사회과학자였다.

사회과학자로서 베버가 피할 수 없었던 과제는

현대인이 어떻게 지금과 같은 모습으로 살게 되었는지 밝히는 것이었다.

베버가 현대사회의 가장 큰 특징 중 하나인

자본주의의 기원을 연구한 이유 역시 이러한 연구를 통해 우리 자신의 참모습과

우리가 살고 있는 현실의 본바탕을 제대로 이해할 수 있다고 믿었기 때문이다.

자본주의는
어떻게 생겨났는가?

자본주의는 어떻게 세상에 등장하게 되었을까? 흔히 거론되는 몇 가지 이유를 떠올려 보자.

증기기관의 발명

우선 떠올릴 수 있는 이유는 산업혁명의 원동력이 된 증기기관의 발명과 획기적인 개선이다. 흔히 와트(James Watt, 1736~1819)를 증기기관의 발명자로 오해하지만, 사실 와트의 공헌은 기존에 있던 증기기관을 대폭 개선하여 실제 산업 현장에서 활용할 수 있게 만든 데 있다.

증기의 힘으로 돌아가는 커다란 기계 한 대가 수많은 사람들이 하던 일을 혼자서 척척 해내자, 기계에 일자리를 빼앗긴 사람들은 기계를 증오하며 부수려고 달려들었다. 이것이 자본주의 초기에 흔

히 볼 수 있는 광경이었다.

인클로저

그런데 증기기관의 발명 이전으로 거슬러 올라간다면, 인클로저 enclosure를 중요한 계기로 꼽을 수 있다. 인클로저는 '울타리를 친 다'는 뜻으로, 중세 유럽에서 영주, 대지주가 농민들이 경작하고 있 던 땅을 빼앗아 울타리를 치고 양을 키우거나 대규모 농업을 시작 한 사건이다.

하루아침에 농사지을 땅을 잃어버린 농민들은 도시로 들어가 구 걸을 하거나 공장의 노동자가 될 수밖에 없었는데, 이런 처참한 상 황을 두고 『유토피아*Utopia*』(1516)를 쓴 모어(Thomas More, 1478~1535)는 "양이 사람을 잡아먹는다."고 한탄했다. 만약 인클로 저가 없었다면, 모든 사람들이 자기 땅을 갖고 농사를 지으며 평온하게 살 수 있었다면, 도시의 거대한 공장들은 제대로 돌아가지 못했을 것이다.

분업

한편, 분업의 발달에서 자본주의의 기원을 찾기도 한다. 영국의 경제학자 스미스(Adam Smith, 1723~1790)가 감탄해 마지않았던 핀 pin 공장의 사례를 살펴보자. 혼자서는 하루에 핀 10개를 간신히 만들던 일꾼 10명이 모여, 첫 번째 사람은 철사를 잡아 늘이고 두 번째 사람은 철사를 곧게 펴며 세 번째 사람은 철사를 끊고 네 번째 사람은 철사를 뾰족하게 다듬는 식으로 일을 나눠서 하면 하루에 4만 8,000개를 만들 수 있다. 한 사람이 핀 4,800개씩 만드는 셈이니 생산량이 무려 480배나 증가한 것이다.

그러므로 거대한 공장에서는 컨베이어 앞에 사람들이 줄줄이 서

●●●
분업의 발달은 자본주의의 생산력을 엄청나게 향상시켰다. 미국 플린트에 있는 자동차 조립 공장, 1940.

서 각자 자기가 맡은 일만 한다. 하루 종일 망치질만 수만 번 하는 사람이 있는가 하면, 나사만 수만 번 죄는 사람도 있다. 이렇게 해서 엄청나게 많은 물건을 빠른 시간에 만들 수 있게 되었고, 자본주의는 역사상 유례없는 생산력을 자랑할 수 있었다.

장거리 무역

그런데 물건을 많이 만드는 것이 자본주의의 전부가 아니다. 물건을 많이 만들게 된 것은 팔 곳, 살 사람이 급격히 늘어났기 때문이다. 따라서 장거리 무역을 자본주의 등장의 중요한 요인으로 꼽는 사람들도 있다.

작은 마을에서 물건을 파는 장사꾼은 어차피 살 사람들이 뻔히 정해져 있으므로 수입이 늘 고만고만했다. 그러다가 항해술의 발달로 국가 간 교역이 늘어나고 무역을 통해 큰 부자가 된 사람들이 등장했다. 이처럼 거대한 부를 축적한 상인들이 직접 공장을 세우고 대량으로 생산한 상품을 팔기 시작하면서 장사꾼이 아니라 '자본가'로 불리게 되었다.

화폐

거대한 부를 축적한 자본가의 등장에서 자본주의가 시작했다면, 더 근본적인 이유를 화폐의 발명에서 찾을 수도 있다. 자본주의의 중요한 특징 중 하나는 극소수의 사람들이 자본을 무한정 소유할 수 있게 되었다는 점이다.

화폐가 없거나, 있더라도 유통이 활발하지 않던 때에는 자본을 소유하는 데 한계가 있었다. 예를 들어 조선시대에는 천석꾼, 만석꾼이라고 해도 쌀을 한없이 곳간에 쌓아 둘 수는 없었다. 쌀은 안 먹으면 결국 썩기 때문이다. 그러나 화폐는 결코 썩지 않고 공간도 그다지 많이 차지하지 않는다. 이로써 예전에는 상상도 할 수 없을 만큼 큰 부를 쌓은 자본가가 등장할 수 있었다.

국가

한편, 자본주의의 등장은 서양 근대에 이르러 군사력과 행정력을 튼튼하게 갖추고 권력을 독점하게 된 국가의 등장 때문이라고 주장하는 사람들도 있다. 사실 국가 자체가 장거리 무역을 독점한 최초의 자본가이자 기업이기도 했다. 권력과 부를 독점하고 있던 귀족들 중에도 시대에 발맞춰 상인보다 먼저 자본가로 변신한 사람들이 적지 않았다. 애초에 출발선이 달랐던 것이다.

또한 자본주의에서는 거대한 부를 독점한 소수의 사람과 땀 흘려 일하는 몸뚱이 외에는 아무것도 가진 것이 없는 다수의 사람들로 분명하게 나뉜다. 국가가 처음부터 발 벗고 나서서 이처럼 불공평한 상황을 만들었다고 보기는 어렵지만, 이러한 상황이 되도록 적극적으로 도운 것은 사실이다. 법률의 힘으로, 제도의 힘으로 국가는 자본가와 기업이 부를 독점할 수 있도록 온갖 지원과 배려를 아끼지 않았다. 그렇기 때문에 마르크스주의 학자들은 국가를 '지배 계급의 도구'라며 신랄하게 비판하기도 했다.

이처럼 자본주의의 기원에 대해서 수많은 사람들이 제각기 다양한 이유를 제시한다. 그런데 아무리 많은 요인이 있다고 해도 분명 더 중요한 요인이 있고 덜 중요한 요인이 있을 것이다. 베버가 일부러 연구를 시작한 것은 사람들이 흔히 거론하는 이유들만으로는 뭔가 부족함을 느꼈기 때문이다.

장거리 무역을 다시 예로 들어 보자. 자본주의가 발달하기 훨씬 전부터 이미 해외무역에 열심인 상인들이 있었다. 중앙아시아의 비단길로 가장 활발하게 교역이 이루어진 시기는 9세기 무렵 당나라 때였고 이탈리아 피렌체를 중심으로 지중해 무역이 발달한 시기도 13세기다. 화폐 역시 마찬가지다. 화폐는 고대 중국이나 이집트에도 분명히 존재했다. 즉 장거리 무역이나 화폐는 자본주의 등장에 기본적인 토대가 되긴 했지만 결정적인 요인이라고 말하기는 어렵다.

그렇다면 현대와 가까운 시기에 등장한 증기기관, 인클로저, 분업, 국가 같은 요인들을 좀 더 중요한 요인으로 꼽을 수 있을지 모른다. 그런데 과연 새로운 기술의 발명이나 제도의 변화만으로 자본주의의 기원을 오롯이 설명할 수 있을까? 인간이 자신을 둘러싼 환경의 지배를 받는다고 믿는 학자들은 늘 사회나 국가의 커다란 변화가 먼저 일어난 뒤에 사람들이 열심히 그 변화를 뒤쫓아 간다고 주장했다. 이런 학자들이라면 자본주의가 등장할 무렵의 커다란 변화들을 거론하는 것만으로 충분할 것이다.

그러나 베버는 그렇게 쉽게 단정 짓지 않았다. 그는 사회의 변화에 발맞춰 사람들이 달라지는 면도 분명히 있지만, 한편으로 사람들이 지니고 있는 가치관, 신념의 변화에 따라 사회가 달라지는 측면도 결코 무시할 수 없다고 보았다. 그러므로 베버는 흰 증기를 뿜으며 요란하게 달리는 기차, 검은 연기를 쉴 새 없이 뱉어 내는 공장 단지같이 눈에 확 띄는 변화에 혀를 내두르는 대신, '사람들의 어떤 가치관과 심성이 이런 변화에 영향을 미쳤을까?' 그리고 반대로 '이러한 변화는 사람들의 가치관과 심성을 어떻게 달라지게 했는가?' 하고 신중하게 질문을 던졌다. 이러한 변화가 과연 어디에서부터 시작된 것인지 좀 더 세밀하게 들여다보려고 했다.

근대 서양에서만
등장한 자본주의

베버는 기계의 발명이나 분업의 발달같이 눈에 띄는 변화가 아니라 인간의 내면같이 보이지 않는 곳에서도 자본주의의 기원을 찾을 수 있다고 생각했다. 그런데 우선 그는 질문부터 다듬어야 했다. '자본주의의 기원은 무엇인가?' 같은 질문은 너무나 거칠고 성글다. 이런 식의 질문이라면 백 명이면 백 명 모두 제각기 다른 이유를 댈 수 있다. 자본주의의 등장에는 엄청나게 많은 요인들이 영향을 미쳤음이 분명하다.

그러므로 베버는 자본주의가 처음 탄생한 곳에서 가장 중요한 발화점이라고 부를 만한 요인을 찾으려고 한다. 만약 두 개의 사회가 대체로 비슷한 상황이었는데, 그중 한 사회에서만 자본주의가 등장했다고 하자. 그렇다면 자본주의 등장의 중요한 요인은 두 사회의 차이점 중에서 발견할 수 있을 것이다. 결국 베버는 질문을 다음과 같이 바꿨다.

하필 서구의 터전에서, 그리고 유독 서구에서만 — 적어도 우리 서구인들이 흔히 표상하듯이 — **보편적** 의의와 타당성을 지니는 방향으로 발전한 문화 현상들이 출현한 것은 어떠한 상황들이 어떠한 방식으로 연결되어 작용한 결과인가?

—『종교사회학 논문집』 서문

다소 복잡해 보이는 이 질문에서 우리는 두 가지 사실을 알 수 있다.

첫째, 베버는 자본주의를 단순히 경제 체제로 보지 않는다. 그는 자본주의를 다양한 '문화 현상' 중의 하나로 보고 있다. 즉 자본주의는 사람들의 생활양식이나 가치관, 신념 등과 밀접하게 연관되어 있다고 전제한다.

둘째, 그는 '무엇 때문인가?' 하고 묻는 대신 '어떠한 상황들이 어떠한 방식으로 연결되어 작용한 결과인가?' 하고 묻는다. 즉 자본주의라는 문화 현상이 생겨난 데에는 수많은 원인이 있을 텐데, 특히 어떤 요인들이 그러한 현상이 벌어지는 데 유리한 조건으로 작용하였는지 질문하는 것이다.

만약 '자본주의는 자체 결함 때문에 결국 망할 수밖에 없다.'라거나 '우리는 이미 역사 발전의 끝에 와 있다.'와 같이 호쾌한 선언을 기대하는 사람이라면 베버는 문제 제기부터 너무나 신중하고 조심스러워서 갑갑한 느낌을 받을 수 있다. 베버의 이처럼 신중한 태도 때문에 오해도 적지 않은데, 미국의 한 대학교수는 다음과 같은 일화를 소개하기도 했다. 어느 날 그 교수에게 대학원생이 찾아와 베버에 대해 물었다. 교수가 한참 설명했더니 대학원생은 대뜸 이렇게 비아냥거렸다. "아하, 결국 베버는 도망갈 구멍을 찾았던 거군요."

그러나 조금이라도 더 정확하고, 근거가 분명한 해답을 찾으려는 노력을 두고 책임을 피하려는 꼼수라고 비난할 수는 없다. 베버는 질문에서 이미 '바로 이것이 답이다.'라고 자신 있게 내미는 대신 '수많은 답 중에 이것도 하나의 답이 된다.'라고 신중하게 주장할 채비를 하고 있다. 아무리 거듭해서 생각해 보아도 사회 현상이란 몇 마디 말로 단호하게 정의를 내릴 수 없을 만큼 복잡하기 때문이다. 이는 오히려 누구보다도 자신의 연구, 자신의 말 한마디에 책임을 다하려는 태도라고 볼 수 있다.

그런데 이처럼 신중한 베버가 자본주의를 비롯하여 오늘날 보편적으로 자리 잡은 여러 문화 현상들이 오직 서양에서만 발생했다고 단호하게 주장하며 연구를 시작한다. 서양인이 아닌 우리 입장에서 보면 다소 기분 나쁠 수도 있는 주장인데, 역시나 신중한 베버는 이 한마디에도 책임을 지기 위해 여러 가지 근거를 든다.

첫째, 가장 먼저 드는 근거는 과학이다. 인도, 중국, 바빌로니아, 이집트 등에서도 매우 세련된 지식과 관찰이 존재했지만, 합리적인 추론과 실험을 거쳐 결론을 내리는 과학은 서양에만 존재했다는 것이다. 즉 동양에나 서양에나 모두 과학이라고 불리는 문화 현상이 있었지만, 서양에서만 독특한 형식의 과학이 발달했고 이 과학이 오늘날 보편적인 위치를 차지하고 있다.

둘째, 역사 연구와 정치사상, 법률도 마찬가지다. 중국에 고도로 발달된 역사 연구가 있었지만 투키디데스(Thucydides, BC 465년경 ~400년경)의 『펠로폰네소스 전쟁사』와 같이 엄밀한 체계를 갖추지는 않았다. 인도의 정치사상도 나름대로 발달했지만 아리스토텔레스(Aristoteles, BC 384~322)처럼 합리적인 개념을 만들어 내지는 않았다. 로마법의 전통을 이은 서양 법률서들의 엄격한 형식도 동양에서는 찾아볼 수 없다.

셋째, 예술도 근거가 될 수 있다. 음악을 예로 들면, 나라마다 다양한 종류의 음악이 발전했지만 서양에서만 합리적으로 계산할 수 있는 음계와 연주법, 작곡법이 등장했다. 또한 건축 기술도 원래는 동양에서 서양으로 전해졌지만, 과학적이고 치밀한 계산을 바탕으로 한 건축 방식은 서양에서만 발달했다.

베버는 여기에 인쇄, 교육기관, 훈련된 정부 관리와 의회 등의 예도 덧붙인다. 이들도 동양에는 없었거나 설혹 존재했더라도 서양의 것처럼 엄밀한 형식을 갖추지는 않았다.

이러한 진단에 대해 "서양만 잘났단 말이냐?" 하며 발끈할 필요는 없다. 베버는 동양과 서양의 비교를 통해 누가 더 우월한가를 가리려는 것이 아니다. 단지 뚜렷한 차이가 있다고 주장하는 것이다. 그는 과학, 예술, 법률 등에 있어서 서양에서만 독특한 형식이 등장했으며, 정확한 이유는 알 수 없지만 아무튼 이것들이 '보편적인' 문화 현상으로, 즉 지배적인 것이 되었다는 사실을 지적한다. 실제로 우리는 오늘날 모든 것이 서구화된 사회에서 살고 있다.

동양의 것과 서양의 것을 가르는 가장 큰 특징은 무엇일까? 베버가 보기에 서양의 문화 현상들에만 존재하는 특성은 바로 '합리성'이다. 서양의 과학이나 예술, 건축 등에는 분명 서양만의 독특한 합리성이 존재한다. 동양에도 나름의 합리성이 있다고 주장할 수 있지만, 확실히 서양의 합리성과 동양의 합리성은 다르다.

양의학과 한의학을 비교해 보면 쉽게 알 수 있다. "기氣가 부족하군요. 기를 보충하기 위해 탕약을 지어 드리겠습니다." 같은 한의사의 진단에 서양 의학을 공부한 의사들은 눈살을 찌푸린다. 서양의 관점에서는 눈에 보이지 않고 계산할 수 없는 것들은 무조건 비합리적이라고 보기 때문이다. (앞으로 이 글에서 '합리성'이라는 말을 쓸 때는 베버가 지적한 '서양의 합리성'만을 가리킨다.)

그런데 베버가 정말로 하고 싶었던 얘기는 그 다음에 나온다. 오늘날 우리의 삶에 가장 큰 영향을 미친다고 볼 수 있는 자본주의 역시 마찬가지라는 점이다. 자본주의도 과학이나 예술과 마찬가지로 동서양을 막론하고 존재했다. 그러나 서양에서만 자본주의를 독특한 형식으로 발전시켰다. 베버는 18~19세기 서양에 '합리적인 자본주의'가 등장했으며 이것이 결국 세계의 보편적인 문화 현상으로 자리를 잡았다고 주장한다.

만약 자본주의를 그저 시장에서 자유롭게 거래를 하고 누구나 돈을 많이 벌려고 애쓰는 경제 체제 정도로 넓게 본다면, 한때 서양의 어느 나라보다도 훨씬 부유했던 중국에도 나름의 자본주의가 존재했다고 볼 수 있다. 조선, 일본, 인도, 바빌로니아, 이집트, 고대 지중해에도 시장 경제는 존재했고, 더 많은 이익에 대한 강렬한 욕망, 남들보다 부자가 되고 싶은 마음은 동서양 어디나 마찬가지였다. 그러나 베버가 기원을 밝히려는 자본주의는 그런 것이 아니다.

'영리욕', '이윤 추구', '화폐 취득', 그것도 가능한 한 많은 화폐 취득을 추구하는 것 자체는 자본주의와 전혀 상관이 없다. 이러한 추구는 웨이터, 의사, 마부, 예술가, 매춘부, 부패한 관리, 군인, 도적, 십자군, 도박사, 거지들 사이에 존재했고 또한 존재한다. 이는 그러한 추구의 가능성이 어떻게든 주어졌고 또한 주어진 동서고금의 "모든 종류와 상황의 인간들" 사이에서 그래 왔다고 할 수 있다. 자본주의에 대한 이와 같은 천진난만한 개념 규정은 이미 육아실에서 배우는 문화사 수준에서부터 영원히 불식되어야 할 것이다. 무제한적으로 영리를 탐하는 것은 자본주의와 아무런 상관이 없으며, 자본주의 '정신' 과는 더더욱 그러하다.

—『종교사회학 논문집』 서문

베버는 서양의 근대에 등장한 자본주의가 역사상 매우 독특한 것이라고 주장한다. 전쟁을 통한 약탈이나 투기, 도박 같은 모험이 아니라 '합리성을 지닌 기업을 통해서 끊임없이 지속되는 이윤과 수익성을 추구하는 자본주의', 이것은 오로지 18~19세기 서양에서만 발생했다는 것이다. 서양은 자본주의를 질적으로나 양적으로나 동양에서는 전혀 존재한 적이 없는 독특한 것으로 만들었다.

그렇다면 합리적인 자본주의는 투기꾼이나 모험적인 상인들의 자본주의와 어떻게 다른가? 우선 가사家事와 사업의 분리, 기업의 합리적 회계 등을 특징으로 꼽을 수 있는데, 사실 합리적인 기업 조직은 서구 자본주의의 유일한 특징이라고 말하기 어렵다. 개인과 기업의 소유를 철저히 분리하고 엄격한 회계를 통해 수익을 꼼꼼히 계산하는 기업들이 합리적인 자본주의의 주축이 되긴 했지만, 근대 이전에도 이미 여러 형태의 기업들이 존재했으며 중동이나 아시아의 상인 집단들도 상당히 체계적인 기업 회계를 갖추고 있었다.

따라서 베버는 서구 근대 자본주의의 가장 중요한 특징을 '형식적으로 자유로운 노동의 합리적 조직화'에서 찾았다. 노동자가 노예나 농노처럼 강제로 일한 것이 아니라 자유로운 신분 상태에서 스스로 노동을 자본가에게 팔았다는 의미다. 노동 외에는 먹고살 길이 없게 된 노동자들이 어쨌든 형식적으로는 자유로운 상황에서 자신의 노동력을 팔 수밖에 없었고 자본가가 이러한 노동자들을 고용해 기업을 일궈 냈다. 이와 같은 노동의 합리적 조직화는 오로지

　근대인의 탄생 프로테스탄티즘의 윤리와 자본주의 정신

서양에서만 찾을 수 있으며, 부르주아와 프롤레타리아라는 두 계급의 분리와 갈등 역시 서양에서 탄생했다.

그리고 이러한 서양 근대 자본주의의 등장은 다른 영역의 합리화 과정에서 적지 않은 도움을 받았다. 서양에서만 독특하게 발달했던 실험과 계산을 중시하는 과학, 규칙과 형식을 꼼꼼히 따지는 법률과 행정 등이 합리적인 자본주의의 추진력으로 작용했다.

이처럼 베버는 역사상 언제 어디에서나 존재했던, 넓은 의미의 자본주의가 아니라, 서양의 근대에 나타난 합리적인 자본주의가 어떤 조건에서 등장할 수 있었는지 묻고 있다. 이 독특한 서양 근대 자본주의의 기원은 과연 어디에서 찾을 수 있을까? 어떤 사람은 틀림없이 더 많은 이익을 남기려는 욕구 같은 것이 계기가 되었을 것이라고 생각하지만, 이러한 욕망은 동서고금을 막론하고 늘 존재한 것이다. 그러므로 동양과 서양 모두에 똑같이 존재한 '더 큰 이익에 대한 강렬한 욕구'는 결코 답이 될 수 없다.

그렇다면 원인은 분명히 '동양에는 없는데 서양에만 있었던 것' 중 하나일 텐데, 베버는 유력한 해답으로 종교, 특히 프로테스탄티즘을 지목했다. 가톨릭이든 프로테스탄티즘이든 당시 기독교는 서양만의 것이었으니 일단 조건을 충족한 셈이다. 그런데 뜬금없이 프로테스탄티즘이라니, 어떻게 물질적인 이익 추구와 가장 거리가 먼 것처럼 보이는 종교가 자본주의와 관련이 있단 말인가? 만약 조금이라도 관계가 있다면 도대체 어떤 관계가 있다는 것일까?

합리성

학자들은 흔히 베버의 모든 연구가 결국 '서구 문명의 합리화를 가능하게 한 사회적 요인이 무엇인가?' 라는 문제로 연결된다고 본다. 물론 베버가 서구 사회는 합리적이고 비서구 사회는 비합리적이라고 단순하게 생각한 것은 아니다. 베버는 합리화를 인류 전체의 보편적인 현상으로 보며, 다만 사회마다 다른 환경과 종교, 지배 계층의 성격에 따라 다양한 형태의 합리화가 존재한다고 보았다.

합리주의라는 말은 지극히 다양한 의미로 해석될 수 있다. 예컨대 경제, 기술, 과학적 작업, 교육, 전쟁, 사법과 행정의 합리화가 존재하는 것과 마찬가지로 신비적 명상, 즉 다른 삶의 영역의 관점에서 보면 특히 '비합리적'인 태도의 '합리주의'가 존재한다. 게다가 이들 분야 각각은 지극히 다양한 궁극적 관점과 목적에 따라 '합리화' 될 수 있으며, 하나의 시점에서 볼 때 '합리적'인 것이 다른 시점에서 고찰하면 '비합리적'인 것이 될 수 있다. 그러므로 합리화는 모든 문화권의 다양한 삶의 영역에서 지극히 다양한 방식으로 진행되었다.

—『종교사회학 논문집』서문

즉 베버는 어떤 현상이나 행위에 대해 그 자체로서 합리적인가, 비합리적인가를 판단할 수는 없다고 본다. 이처럼 베버 자신이 애매모호하게 얘기했기 때문에 베버의 '합리성' 개념을 구체적으로 정의하기는 어렵다. 베버는 '합리적'이라는 말을 목적 지향적, 계산적, 통제적, 논리적, 보편적, 체계적 같은 여러 가지 뜻으로 사용했다.

그런데 베버가 합리화라는 보편적인 과정을 굳이 연구의 대상으로 삼은 이유는 합리화 과정을 통해 생기는 합리성이 어떤 의미에서는 비합리적이며 이해할 수 없는 것이기 때문이다. '무릇 어떠한 합리화도 그것이 극단적으로 전개되면 필연적으로 비합리성을 만들어 낸다.'는 것이 베버의 생각이었다. 뒤에서 자세히 살펴보겠지만 『프로테스탄티즘의 윤리와 자본주의 정신』은 합리화의 결과로 비합리적인 생활 태도가 생겨나는 역설적인 모습을 생생하게 보여 준다.

종교에
주목하다

베버는『프로테스탄티즘의 윤리와 자본주의 정신』에서 프로테스탄티즘과 자본주의 사이에 어떤 관계가 있는지 밝히기 위해 우선 통계 자료를 살펴본다. 독일의 지역별 통계를 통해 발견할 수 있는 것은 경제적으로 발전한 지역, 특히 부유한 도시들이 대부분 종교개혁을 받아들였다는 사실이다.

왜 경제적으로 발전한 지역에서 종교개혁을 받아들였을까? 당시 사람들은 부자일수록 가톨릭에서 프로테스탄트로 개종하는 경향이 크다고 생각했다. 베버는 이런 생각에 일리가 있는지 검토해 본다. 만약 부자들이 일부러 종교개혁을 받아들였다면 그 이유는 무엇일까? 전통적인 경제에서 벗어나 자본주의라는 새로운 경제 체제를 받아들인 사람들이 종교에 있어서도 전통을 벗어나려 한 것일까?

그러나 종교개혁을 받아들인다는 것은 결코 가톨릭의 전통적인 통제에서 벗어나 좀 더 자유로운 종교를 택한 것이라고 볼 수 없었다. 프로테스탄티즘은 가톨릭보다 조금도 느슨하지 않다. 아니, 오히려 강제적인 면에서 보면 한 수 위다. 종교 개혁가들은 가톨릭을 종교적 지배가 과다하다는 이유로 비난한 것이 아니라 부족하다는 이유로 비난했다. 형식적인 것에 불과했던 교회의 지배를 철저하고 진지한 통제로 바꾼 것이 바로 종교개혁이었다.

즉 종교개혁은 "매일 하나님만 바라보며 살자니 갑갑해서 못살겠다. 우리에게 인생을 즐길 자유를 달라!"는 외침이 결코 아니었다. 그것은 오히려 "그저 때맞춰 교회에 나가서 꾸벅꾸벅 졸고 있거나 신부님에게 헌금이나 내는 허울 좋은 신앙이 아니라, 진짜 신앙을 가지고 싶다. 정말 제대로, 진지하게 하나님을 믿고 싶다!"는 간절한 외침이었다.

그러므로 프로테스탄티즘이 특별히 경제 활동에 유리한 것도 아닌데, 부자들이 일부러 개종했다고 단정 짓는 것은 아무래도 무리가 있다. 가톨릭 신앙을 지키고 있는 도시보다 종교개혁을 받아들인 도시가 경제적으로 우위에 있다는 사실 하나만으로는 무엇이 원인이고 무엇이 결과인지 파악하기 어렵다.

따라서 베버는 단순히 가톨릭 도시와 프로테스탄트 도시를 비교하는 데 그치지 않고, 가톨릭교도와 프로테스탄트들이 함께 어울려 사는 지방의 통계를 살펴보았다. 이러한 지역의 직업 통계를 보면 자본 소유자나 경영자층, 상급 노동자층 등 자본주의 발전에 앞장서고 있는 사람들 중에 가톨릭교도보다 프로테스탄트가 월등히 많았다. 즉 같은 지역에서도 프로테스탄트들이 가톨릭교도보다 잘사는 경우가 많다는 사실을 알 수 있었다.

도대체 왜 이런 현상이 벌어진 것일까? 혹시 어떤 역사적인 이유나 정치적 상황 때문에 프로테스탄트들이 더 부유해진 것은 아닐까? 그런데 여러 정황을 살펴보면 이런 생각에도 무리가 있다.

한 예로 프로테스탄트들이 대부분인 지역에서조차 가톨릭교도들은 자본주의 경제 활동에 적극적이지 않은데, 이는 역사적으로 보아도 매우 특이한 현상이었다. 보통 지배 집단이 아닌, 피지배자로 살아가는 소수 집단은 돈벌이에 몰두하는 경향이 강하기 때문이다. 몇 천 년 동안 이 나라 저 나라 떠돌이 생활을 한 유대인이 대표적인 예다. 권력을 잡을 가능성이 없는 소수파는 관직에 나가 명예를 얻는 일을 포기하고 인생의 목표를 돈벌이에 두는 경우가 많다. 그런데 프로테스탄트 지역에서 소수 집단으로 살아가는 가톨릭교도들은 전혀 그렇지 않았다.

또한 자녀들의 교육에 관한 통계를 봐도 프로테스탄트와 가톨릭의 차이는 분명하게 드러났다. 프로테스탄트 쪽에 부자들이 많기 때문에 자녀가 고등학교에 진학하는 비율이 더 높은 것은 충분히 이해할 만하다. 그렇다면 고등학교에 이미 진학한 아이들만 따로 비교해 보면 어떨까? 고등학교에 다니는 프로테스탄트들의 자녀와 가톨릭교도들의 자녀를 같은 수로 비교했을 때, 이상하게도 실업계 쪽에 프로테스탄트의 비율이 훨씬 높고 인문계 쪽에는 가톨릭교도의 비율이 높았다. 즉 부유하든 가난하든 프로테스탄트들이 가톨릭교도보다 자본주의 경제 활동에 더 열정적으로 참여한다는 사실은 부정하기 힘들다.

그런데 진짜 문제는 여기에서부터다. 여러 통계 자료들을 비교해서 '프로테스탄트들이 자본주의 경제 활동에 적극적으로 참여하는 반면, 가톨릭교도들은 그렇지 않다.'라는 현상을 파악하는 데에는 별 어려움이 없었다. 그런데 왜 이런 일이 벌어진 것일까? 그 이유를 밝히는 것이 중요하다. 그리고 이유를 밝혀내야만 사회과학 연구 논문이라고 할 수 있다. 단지 '프로테스탄트는 가톨릭교도보다 돈벌이에 적극적인 경향이 강하다.'라는 현상을 발견한 것만으로 사회과학자의 임무는 끝나지 않는다.

사회과학 연구는 두 가지를 충족해야 한다. 첫째, 어떤 현상에 대해서 그 현상이 정확한 것인지, 보편적으로 벌어지는 것인지 증명해야 한다. 즉 어쩌다 우연히 벌어진 일이 아니라 특정한 상황에서는 예외 없이 일어나는 일반적인 현상이라는 것을 분명하게 보여 줘야 한다. 이 작업은 현상을 깊이 관찰하거나 여러 통계들을 세심하게 비교하여 살펴봄으로써 가능하다.

그런데 여기에 그쳐서는 안 된다. 둘째, 그 현상의 원인에 대해 논리적으로 설명해야 한다. 만약 논리적인 설명이 안 된다면, 아무리 수많은 통계 자료를 근거로 들어도 그 현상이 정확한 것이며 보편적인 것이라고 주장할 수 없다. '까마귀 날자 배 떨어진다.'는 속담처럼 그냥 우연히 벌어진 현상일 수도 있기 때문이다. 통계가 아무리 정확하고 많은 사례를 포함하고 있다고 해도, 그것이 세상 모든 사람, 모든 경우에 다 적용되는지는 누구도 장담할 수 없다.

그러므로 첫 번째 작업과 두 번째 작업은 서로 동떨어진 일이 아니다. 어떤 현상이 아무리 자주 벌어진다고 해도 그 현상이 벌어지는 것에 대한 논리적인 이유를 제대로 설명하지 못하면 아무 의미가 없다. 또한 아무리 그럴듯한 설명을 들이대도 실제로 그런 현상이 자주 벌어지지 않으면 그 또한 의미가 없다. 한 편의 사회과학 논문으로 중요한 의미를 가지려면 두 가지 모두 충족해야만 한다.

사실 종교와 자본주의의 연관성에 대해 의심한 사람은 베버가 처음이 아니었다. 베버 이전에도 이미 많은 사람들이 가톨릭교도와 프로테스탄트들이 경제 활동에서 차이를 보이는 점을 인식하고 있었고, 각자 나름의 주장을 펼치고 있었다. 그런데 베버는 사회과학자로서 사람들이 막연하게 생각하고 있던 현상을 분명하게 밝히고 이를 논리적으로 설명하려고 시도했다. 이러한 작업은 베버가 최초였다.

앞서 살펴보았듯이, 베버는 우선 통계 자료들을 세심하게 관찰하고 비교하여 사람들이 막연히 그럴 것이라고 생각하고 있던 현상을 분명하게 입증해 보였다. 이제 베버의 남은 과제는 '프로테스탄트가 가톨릭교도에 비해 자본주의 경제 활동에 적극적인 편이다.'라

는 현상에 대해 충분한 근거를 들
어 논리적으로 설명하는 것이다.
이 작업에 멋지게 성공함으로써
『프로테스탄티즘의 윤리와 자본
주의 정신』은 20세기 사회과학을
대표하는 걸작이 되었다.

　도대체 가톨릭과 프로테스탄티
즘의 차이가 자본주의와 어떤 관
계가 있을까? 베버는 소파에 누워
혼자 궁리하지 않는다. 거리로 나
가 사람들을 일일이 붙잡고 물어
보기도 하고 혹시 다른 학자가 이

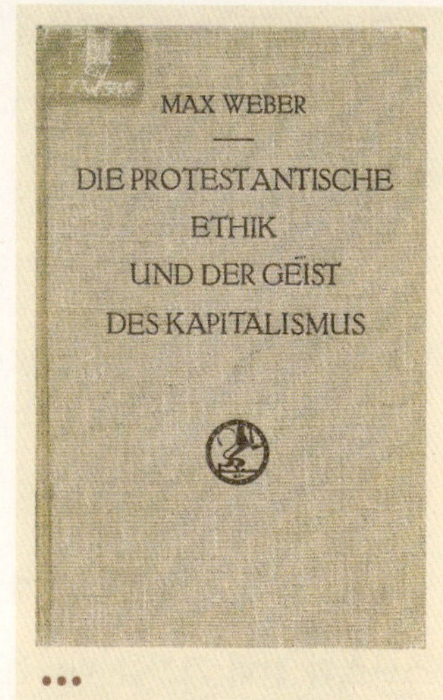

근대 서양에서만 등장한 합리적 자본주
의와 프로테스탄티즘의 연관성을 입증
한 『프로테스탄티즘의 윤리와 자본주의
정신』 1934년판 표지.

러한 현상에 대해 설명을 시도한 전례가 있는지 수많은 책과 논문
들을 뒤져 본다. 베버는 일단 당시 사람들이 흔히 가지고 있던 생각
을 검증해 보기로 한다.

　베버가 조사해 본 결과 사람들은 가톨릭은 종교적 가치를 중시하
고 금욕적인 반면, 프로테스탄티즘은 그렇지 않다는 생각을 가지고
있었다. 가톨릭의 강한 비세속성, 금욕적인 성격이 신자들로 하여
금 속세의 재물에 대해 무관심하게 만들었다는 것이다. 그래서 가
톨릭교도들은 프로테스탄트들을 늘 세속적이고 물질에 현혹된 패
거리로 비난하곤 했다. 베버는 한 저술가의 글을 인용한다.

"가톨릭교도는…… 보다 정적이고 영리 충동이 적기 때문에, 위험하고 자극적이지만 경우에 따라서는 명예와 부를 가져다주는 삶보다는 비록 보다 적은 수입일지라도 가능한 한 안전한 생애를 택한다. 속담에도 '잘 먹든지 편히 자든지' 라는 익살맞은 표현이 있다. 이 경우에 프로테스탄트는 기꺼이 잘 먹기를 원하는 반면, 가톨릭교도는 편히 자기를 원한다." <u>제1장 문제, 1 신앙고백과 사회계층</u>

당시 많은 사람들이 이렇게 생각했다. '잘 먹기를 바라는 프로테스탄트와 편히 자기를 바라는 가톨릭', 위험을 무릅쓰고 역동적인 삶을 추구하는 프로테스탄트와 조용하고 평안한 삶을 추구하는 가톨릭교도의 이미지가 분명히 대비되었다. 그런데 베버는 다시 묻는다. 실제로 그럴까? 설령 지금 그런 면이 있다고 해도 과거에도 과연 그랬을까?

앞서 얘기했듯이 원래 프로테스탄트들의 삶은 세속적인 쾌락과 거리가 멀었다. 종교개혁은 사치에 물든 가톨릭 성직자에 맞서 금욕적인 종교 개혁가들이 오직 하나님을 위한 삶을 주장하며 일어난 것이었다. 비세속적이기로는 종교개혁을 거친 프로테스탄트들이 오히려 한 수 위였다. 따라서 '가톨릭은 비세속적, 프로테스탄트는 세속적' 같은 잘못된 도식으로는 '왜 프로테스탄트들은 자본주의 경제 활동에 적극적인 반면, 가톨릭교도는 그렇지 않은가' 라는 문제에 대해 아무런 대답도 할 수 없다.

사람들이 흔히 제기하는 주장을 받아들일 수 없게 된 이상, 베버는 다른 방식으로 문제에 접근한다. 그는 사람들의 일반적인 생각이 사실과 다르긴 하지만 어쨌든 결국 프로테스탄티즘과 가톨릭의 어떤 차이에 해답이 있음은 확실하다고 보았다. 이미 역사적인 이유나 정치적인 상황 등 외적인 요인들은 답이 될 수 없음을 확인한 상황에서 가톨릭과 프로테스탄티즘의 내적인 차이, 예컨대 교리의 차이 등에서 해답을 찾아야 한다는 점은 분명했다. 가톨릭과 프로테스탄티즘은 과연 어떻게 다른지 좀 더 살펴본 다음에야 지금까지 확인한 현상에 대해 논리적인 설명이 가능할 것이다.

사회과학자의 연구—뒤르켐의 예

* * *

프랑스 사회학자 뒤르켐. 정확한 현상 파악을 바탕으로 자살이 사회 구조와 관련 있음을 밝힌 『자살론』을 썼다.

베버뿐만 아니라 모든 사회과학자에게 현상을 정확하게 파악하는 일과 그 현상의 인과 관계를 논리적으로 설명하는 일은 보편적인 사회 이론을 만들기 위해 반드시 거쳐야만 하는 과정이다. 여기서는 참고삼아 프랑스의 사회학자 뒤르켐이 『자살론』에서 보여 준 예를 살펴보기로 하자.

뒤르켐은 사람들의 '결혼 여부'와 '자살률' 사이에 어떤 관계가 있지 않을까 의심하고 이와 관련된 통계를 살펴보았다. 통계를 보면 결혼한 사람들(기혼자 집단)이 독신으로 사는 사람들(독신자 집단)보다 자살률이 확실히 높게 나타났다. 그렇다면 '기혼자가 독신자보다 자살할 가능성이 높다.'라고 말할 수 있지 않을까?

그런데 뒤르켐은 통계 자료를 꼼꼼히 살펴보다가 독신자 집단의 평균 나이가 기혼자 집단의 나이보다 어리다는 사실을 발견했다. 즉 통계에서는 아직 결혼을 하지 않은 어린아이들까지 모두 독신자 집단에 포함시켰던 것이다. 뒤르켐은 같은 연령대의 기혼자 집단과 독신자 집단만 따로 떼어 내어 다시 비교해 보았다. 결과는 정반대였다. 기혼자 집단보다 독신자 집단의 자살률이 더 높았다.

첫 번째 통계만 본 사람은 "기혼자들이 아무래도 결혼 생활로 인한 스트레스 때문에 자살률이 높을 것이다." 같은 식으로 논리적인 설명을 시도할 것이다. 그러나 애초에 현상에 대한 파악이 잘못 되었으므로 아무리 설명이 그럴듯하게 들려도 실패한 연구가 되고 만다.

반면에 뒤르켐은 정확한 현상 파악을 바탕으로 "가정에 대한 소속감이 강한 기혼자들이 그렇지 않은 독신자들보다 자살률이 낮다."라고 설명했다. 그는 가톨릭과 프로테스탄트, 도시와 농촌의 자살률 차이 등을 더 검토하여 '소속감과 내부 응집력이 강한 공동체일수록 성원들의 자살률이 낮다.' 라는 결론을 내렸고, 자살이 단지 개인의 문제가 아니라 사회 구조와 관련된 것임을 밝힐 수 있었다.

2
가톨릭과 프로테스탄티즘

베버는 서양 근대에 등장한 합리적인 자본주의와 종교개혁 사이에

어떤 연관이 있다고 생각했고, 그 관계를 명확히 밝히기 위해 애썼다.

프로테스탄티즘은 기독교의 한 분파로서,

16세기에 로마 가톨릭교회에 반대하여 일어난 종교개혁의 결과로 생겨났다.

종교개혁은 그 이름과 달리 가톨릭을 개혁하는 대신,

프로테스탄티즘이라는 새로운 종교 단체를 낳았다.

가톨릭과 프로테스탄티즘은 기독교라는 이름 아래 하나로 묶이지만

마치 전혀 다른 두 개의 종교처럼 앙숙이었다.

왜 기독교는 갈라져야 했을까?

그리고 왜 지금까지도 다시 합치지 못할까?

천 년의 질서를
뒤흔들다

흔히 서유럽의 중세에는 '싸우는 사람들', '기도하는 사람들', '일하는 사람들'이 살았다고 한다. 기사들은 싸우고 성직자들은 기도를 했다. 이들이 싸움만 하거나 기도만 하면서도 먹고 살 수 있었던 것은 일하는 사람들 덕분이었다. 중세에는 농민이 땀 흘려 일해서 기사와 성직자를 먹여 살렸다.

정치권력을 잡고 있던 세력은 싸우는 사람들이었으나 문화권력을 장악하고 있던 세력은 기도하는 사람들이었다. 로마 가톨릭교회는 사람들이 태어나서 죽을 때까지 생활 전부를 간섭하고 통제했다. 아기에게는 태어난 날짜에 따라 가톨릭 성자의 이름을 붙이는 게 관례였고, 장사하면서 상품 원가에 붙일 이윤율도 교회에서 정해 주었다. 심지어 부부가 한 달에 몇 번 성교性交를 해야 하는지, 어떤 자세로 해야 하는지까지 결혼도 하지 않는 가톨릭 사제가 알

성서주의를 제창한 영국의 선구적인 종교 개혁가 위클리프.

려 주었다.

그런데 아무도 견제하지 못하는 막강한 권력은 쉽게 부패하기 마련이다. 14세기에 흑사병이 퍼져서 유럽 인구의 3분의 1이 사라진 후 죽음에 대한 공포가 커졌는데, 가톨릭교회는 이를 악용하여 사람들을 겁주고 더욱 철저히 착취했다. 르네상스 예술에 푹 빠진 교황은 건축과 예술 작품에 물 쓰듯 돈을 뿌리면서 정작 성경 말씀에는 무관심했다. 교황청은 사제직을 비싼 값에 팔았고 돈을 주고 성직자가 된 사람은 가난한 신도들에게 강제로 헌금을 걷어 사제직 구입에 들어간 비용을 충당했다.

결국 보다 못한 사람 몇몇이 나서기 시작했다. 영국의 위클리프(John Wycliffe, 1330년경~1384), 체코의 후스(Jan Hus, 1372년경~1415) 등이 가톨릭교회의 개혁을 부르짖은 선각자들이다. 이들은 주로 교황의 권력 남용과 사치에 물든 사제들을 비판했다. 그러나 권력에 도취된 가톨릭교회는 비판의 목소리를 전혀 듣지 않았다. 시간이 지날수록 가톨릭교회에 대한 반발과 개혁 요구는 한층 거세졌고, 마침내 독일에서 루터가 등장했다.

종교개혁의 시발점이 된 독일은 당시 유럽의 강대국이었던 프랑스나 에스파냐와 상당히 다른 나라였다. 사실 독일이라는 나라 자체가 존재하지 않았다. 지금의 오스트리아와 더불어 '신성로마제국'이라는 이름 아래 여러 명의 제후들이 각자의 영토를 지배하고 있었다. 신성로마제국의 황제

위클리프의 종교 개혁 운동을 계승한 체코의 후스.

는 제후들이 모여서 선출했다. 황제 선출권을 가진 7명의 특별한 제후들을 '선제후'라고 불렀는데, 선제후 중 3명은 종교 제후였다. 즉 가톨릭 대주교가 한 지역의 제후로서 정치권력까지 누리고 있었다.

다른 나라와 달리 종교 제후들이 막강한 권력을 누리는 바람에 독일은 로마 교황청에게 가장 만만한 나라로 여겨졌다. 교황청이 사치와 향락에 낭비하는 비용을 주로 독일에서 떠맡았다. 종교개혁의 발단이 된 면벌부(免罰符, indulgence, 가톨릭에서는 '대사부大赦符'라고 부름) 판매가 가장 적극적으로 이루어진 곳도 독일이었다. 면벌부는 이미 오래전부터 가톨릭교회의 중요한 재원이었는데, 16세기 초에는 교황 레오 10세가 로마의 성 베드로 성당 건립에 필요한 막대한 자금을 마련하기 위해 대대적으로 면벌부를 발행했다.

면벌부는 죄의 대가로 현세와 연옥煉獄에서 치러야 할 벌을 감면해 주는 효과를 가진 증서였다. 가톨릭 신도가 고해성사를 통해 죄를 고백하고 뉘우치면 사제는 하나님이 죄를 용서하셨다고 선언한다. 그러나 죄를 용서받아도 벌은 남는다. 이때 면벌부는 죗값으로 치러야 할 벌을 깎아 주는 역할을 한다. 그런데 면벌부 판매의 폐해가 가장 심했던 독일에서는 미래에 저지를 죗값을 미리 치르는 것은 물론이요, 이미 죽은 친지들까지도 연옥의 고통에서 해방시킬 수 있다며 과대광고가 난무했다.

독일 작센 지방의 비텐베르크 대학교에서 신학 교수로 일하던 수

교황청의 사치와 향락 비용의 주요 재원이 된 면벌부 판매. 폐해가 가장 심했던 독일에서 종교 개혁의 발단이 되었다. 한스 홀바인, 1529, 스위스 바젤미술관.

 근대인의 탄생 프로테스탄티즘의 윤리와 자본주의 정신

도사 루터는 가톨릭교회의 잘못된 관행을 비판하는 95개 조항문을 면벌부 판매를 주관하던 대주교에게 보냈고, 다른 사람들과 토론하기 위해 교회 정문에도 써 붙였다. 이 95개 조항문은 교황을 화나게 하는 말들로 가득했다. 몇 가지 조항만 살펴보자.

27조: 면벌부를 파는 사제들이 돈이 헌금함에 땡그랑 떨어지는 순간 영혼이 연옥에서 승천한다고 주장하는 것은 (하나님의 교리가 아니라) 인간의 교리를 전파하는 것이다.

32조: 면벌부를 가졌기 때문에 구원을 확신하는 사람들과 그것을 가

르친 사람들은 함께 영원히 저주받을 것이다.

52조: 비록 면벌부 판매자가, 아니 교황 자신이 영혼을 걸고 보장한다 하더라도 면벌부를 통해 구원을 받을 수 있다고 믿는 것은 헛된 일이다.

1517년 10월 31일, 루터가 95개 조항문을 교회 정문에 붙였을 때, 루터 자신도 이 일이 얼마나 큰 파장을 일으킬지 상상하지 못했다. 가톨릭교회에 대한 불만을 속으로만 끓이고 있던 제후들이 하나둘 루터 편에 서면서 세상 물정 모르는 수도사 한 명의 돌출 행동으로 끝날 수도 있었던 사건이 점점 커지기 시작했다. 여기에는 당시 최신 기술이었던 금속 활판 인쇄술도 한몫을 단단히 했다. 가톨릭의 문제점들을 신랄하게 꼬집는 루터의 글 몇 편이 삽시간에 독일 전역으로 퍼져 나갔다. 화가 난 교황은 루터를 '주님의 포도밭을 망치는 멧돼지'에 비유하면서 60일 이내에 주장을 철회하지 않으면 파문당할 것이라고 협박하는 교서를 발표했다. 중세 서유럽에서는 교황청의 파문이 가장 무서운 형벌이었다. 모든 사람들의 목표가 죽어서 천국에 가는 것인 시대에 교황청의 파문이란 지옥행 티켓을 받는 것과 마찬가지였기 때문이다. 그러나 루터는 사람들이 보는 앞에서 교황의 교서를 불태워 버렸다.

사태가 점점 심각해지자 신성로마제국 황제가 1521년 보름스에서 열린 제국회의(제후들의 회의)에 루터를 불렀다. 당시 황제인 카

   근대인의 탄생 프로테스탄티즘의 윤리와 자본주의 정신

를 5세는 에스파냐 국왕으로서 신성로마제국 황제를 겸하고 있었다. 독실한 가톨릭 신자였던 황제 역시 루터에게 주장을 철회할 것을 요구했다. "한 사람이 기독교 세계 전체를 거역할 때는 그 사람이 잘못을 저지르고 있는 게 분명하다. 그렇지 않다면 기독교 세계가 천 년이 넘는 긴 세월 동안 잘못을 저지르고 있었다는 얘기가 되지 않는가?" 그러나 루터는 기독교 세계가 천 년 동안 틀렸고 자신이 옳다고 굳게 믿었다.

결국 황제는 루터를 설득하는 일을 포기했다. 그는 루터에 대한 모든 법적인 보호를 박탈하여 누가 루터를 때리든 죽이든 책임을 전혀 묻지 않겠다는 칙령을 발표했다. 황제의 칙령으로 목숨이 위태롭게 된 루터는 가톨릭에 반대하는 작센 선제후의 성에 몸을 숨겼고, 숨어 지내는 동안 『신약성경』을 독일어로 번역했다. 그 전까지 독일에는 가톨릭 사제와 귀족 일부만 읽을 수 있는 라틴어 성경밖에 없었는데, 루터가 번역한 독일어 성경이 출판되자 농민들도 직접 성경을 읽을 수 있게 되었다.

루터가 번역한 독일어 『신약성경』 1523년판 속표지. 라틴어 성경은 사제와 귀족만 읽을 수 있었지만, 독일어 성경이 출판되자 농민들도 직접 성경을 읽을 수 있게 되었다.

루터의 종교개혁은 가톨릭 교회에 대한 저항을 넘어서 사회 전반에 거센 바람을 일으켰다. 루터는 사제나 농민이나 모든 인간이 신 앞에 평등하다고 주장했고, 루터의 평등 정신에 한껏 고무된 독일 농민들은 1524년에 반란을 일으켰다. 이들은 '세금, 부역, 지대地代를 무리하게 늘리지 말 것, 귀족이 빼앗아 간 땅을 마을 공동체에 돌려줄 것, 농노제도를 폐지할 것, 농민들이 직접 마을의 사제를 선출할 수 있게 해 줄 것' 등 12개 조항을 요구했다. 농민 반란은 예전에도 종종 있었지만 이번에는 달랐다. 농민들은 반란의 근거를 성경에서 찾았고 농민 반란이 아니라 '농민 전쟁'으로 불릴 만큼 규모가 전국적으로 커졌다.

그런데 루터는 농민의 편에 서지 않았다. 그는 단호히 제후와 귀족의 편에 섰고 오히려 모든 수단을 동원하여 농민들을 무자비하게 진압할 것을 촉구했다. 오늘날 빈익빈 부익부를 얘기하며 80대 20의 사회라는 말을 종종 하지만, 당시 사회는 95대 5의 사회였다. 소

   근대인의 탄생 프로테스탄티즘의 윤리와 자본주의 정신

수의 귀족이 95퍼센트를 가지고 있었고 다수의 농민이 5퍼센트를 가지고 있었다. 귀족의 힘을 빌리지 않고는 어떤 일도 불가능했다. 결국 "찌르고 치고 목 졸라 죽여야 한다."는 루터의 말대로 귀족들은 용병을 고용해 10만 명에 이르는 농민을 죽음으로 몰아넣었다.

루터의 종교개혁으로 가장 이득을 본 사람은 독일의 농민들이 아니라 제후와 귀족들이었다. 귀족들 중에는 황제의 권위에 저항하고 가톨릭교회가 소유한 재산을 빼앗으려는 목적으로 루터 편을 든 사람도 많았다. 루터 또한 종교의 권위가 정치권력과 결합해야 한다고 주장하여 귀족들의 환심을 샀다. 루터가 보기에 종교개혁의 성공은 힘없는 민중의 지지보다 지배층인 귀족의 지지 여부에 달려 있었다.

신성로마제국 황제가 프랑스, 터키 등과 전쟁을 하느라 바빠 제대로 신경을 못 쓰는 사이에 루터를 지지하는 세력이 점점 늘어났다. 그러나 다시 힘을 모은 황제와 가톨릭 세력이 1529년 슈파이어 제국회의에서 그동안 모른 체 봐주던 루터파를 다시 박해할 것을 결의하자 루터를 지지하는 몇몇 제후들이 거세게 항의protest했다. 이때 항의한 제후는 400명 중 고작 19명이었지만, 분명 놀라운 변화였다. 8년 전 보름스 제국회의에서 루터는 혼자 자신을 변호해야 했지만 이제 제후들이 나서서 편을 들어 주기 시작한 것이다. 이때 항의한 루터파 제후들을 '프로테스탄트protestant' 라고 불렀는데, 이 말은 곧 종교개혁 운동 전체를 가리키는 말이 되었다.

새로운 종교의
탄생

종교개혁이 제후들의 지지를 얻으면서 개혁 운동 세력이 점점 커지자 가톨릭은 늘어나는 이탈자를 막아야 하는 처지가 되었다. 이미 오래전부터 개혁을 요구하는 목소리가 작지 않았지만 들은 체 만 체하고 있던 가톨릭교회가 뒤늦게 사태 수습에 나섰다. 그러나 가톨릭이 과거의 문제점들을 고친다고 해서 종교개혁의 바람이 사그라지는 것은 아니었다.

이미 가톨릭과 프로테스탄트 사이에는 건널 수 없는 강이 흐르고 있었다. 서로 싸우며 쌓인 앙금도 적지 않았지만, 교리에 있어서도 전혀 다른 두 개의 종교가 되어 있었다. 루터는 애초에 가톨릭 사제들이 사치와 향락에 빠져 타락했다는 이유만으로 종교개혁에 앞장선 것이 아니었다. 신에 대한 생각 자체가 달랐다.

루터가 가장 고민한 문제는 '죄 많은 인간이 어떻게 하나님께 구원받을 수 있을까?'였다. 루터는 두려움에 떨며 밤낮으로 고민했다. 사실 가톨릭의 해답은 매우 간단했다. 천국에 가기 위해서는 교회에 성실히 나가고, 사제의 가르침에 따라 죄를 뉘우치며, 죗값을 치르기 위해 착한 일을 많이 하면 된다고 했다.

그러나 루터는 가톨릭의 해답이 말이 안 된다고 생각했다. 인간이 아무리 몸부림친다 한들 하나님이 죄 많은 인간을 용서해 줄 이유는 티끌만큼도 없는 것 같았다. 가톨릭 사제의 말대로 매일 죄를 뉘우치고 착한 일을 많이 한다고 해서 하나님이 예뻐할 리 없다고 생각했다. 아니, 인간이 어떤 행위로 하나님을 만족시키거나 화나게 할 수 있다고 생각하는 것 자체가 오만하기 이를 데 없는 착각이라고 보았다. 하나님은 절대적인 신이고 인간은 무지하고 무력한 미물이기 때문이다. 루터는 인간은 아무것도 하나님에게 줄 수 없으며 오직 자비와 용서를 받기만 할 뿐이라고 생각했다.

그렇다면 인간은 어떻게 살아야 하는가? 그냥 가만히 앉아서 하나님의 용서와 자비를 복불복福不福으로 기다려야 하는가? 처음에 루터는 보잘것없고 죄 많은 인간이 할 수 있는 일은 아무것도 없는 게 아닐까 절망했다. 그러나 그는 오랜 고민 끝에 인간이 할 수 있는 일이 딱 한 가지 있음을 깨달았다. 그것은 신에게 용서를 받았다고 믿는 것이다. 하나님은 아무런 조건 없이 무한한 사랑으로 인간을 용서한다고 믿는 것이야말로 루터가 생각한 진정한 신앙이었다.

결국 루터의 교리는 '오직 믿음만으로sola fide'라는 한 구절로

요약되었다. 또한 굳이 덧붙인다면, 믿음의 유일한 원천은 성경이었으므로 '오직 성경만으로sola scriptura'라는 한 구절을 추가할 수 있었다. 루터는 가톨릭의 성사(聖事, sacrament)를 통해서는 구원받을 수 없으며 이웃 사랑과 같은 선행을 통해서도 구원을 얻을 수 없다고 보았다. 인간이 어떤 행위를 통해서 구원을 받을 수 있다는 얘기는 장사치마냥 하나님을 상대로 흥정하는 것과 마찬가지라고 생각했다.

당시 로마 가톨릭교회는 7가지 성사를 비롯하여 전통적인 의례를 매우 중요하게 여겼다. 가톨릭에서는 세례, 견진(성령의 은총을 받아 믿음을 굳게 하는 성사), 성찬식, 고해, 병자(고통받는 환자에게 힘과 용기를 주는 성사), 신품(성직 임명), 혼인의 7가지 성사를 통해 사제가 하나님을 대신해서 신도들에게 은총을 내릴 수 있었다. 그러나 루터가 인정한 것은 세례와 성찬식뿐이었다. 가톨릭의 전통보다 성경을 중시한 루터는 『신약성경』에서 성사를 치르는 근거를 열심히 찾았는데, 세례와 성찬식 외에 다른 성사들에 대해서는 예수와 아무런 연관성을 찾을 수 없었기 때문이다.

루터는 일반 신도나 사제나 똑같이 중재자 없이 하나님을 직접 만날 수 있다고 믿었다. 또한 아무리 교황이라고 해도 감히 하나님을 대신할 수는 없다고 생각했다. 그러므로 루터는 7가지 성사 중에서 고해성사에 특히 강하게 반발했다. 고해성사는 일반 신도가 사제 앞에서 죄를 고백하는 성사를 말한다. 신도의 고백을 들은 사

제는 하나님을 대신해서 용서를 선언하고, 성경을 읽거나 이웃의 집을 청소해 주라는 등 죄의 대가를 치르게 한다. 그런데 루터가 보기에 이는 말도 안 되는 행위였다. 그는 교황이 아니라 교황의 할아버지라도 인간의 죄에 대해 왈가왈부할 자격이 없다고 생각했다.

천국과 지옥에 대해서도 생각이 전혀 달랐다. 루터는 천국과 지옥이 죽은 다음에 가는 장소가 아니라 인간이 처한 상태라고 생각했다. 가톨릭 교리에 따르면 하나님은 인간의 삶과 신앙을 평가해서 90점 이상이면 천국행, 그에 조금 못 미치면 연옥행, 60점 이하면 지옥행 하는 식으로 심판한다. 그러나 루터는 100점 아니면 0점밖에 없다고 주장했다. 하나님의 은총을 믿는 사람은 그 자체로 천국이며, 믿지 않는 사람은 이미 지옥에 있다는 것이다.

그러므로 연옥에 대한 입장도 당연히 달랐다. 가톨릭에서 연옥은 천국에 갈 정도는 못 되고 지옥에 가기에는 좀 애매한 평범한 사람들이 죄를 씻기 위해 벌을 받는 장소다. 실수로 사람을 죽인 가톨릭 신도가 죄를 뉘우칠 경우 연옥의 불구덩이에서 2천 년을 지내면 천국에 갈 수 있다. 하지만 성사에 참여하지 않거나 교회의 금기를 깬 경우에는 예외 없이 곧바로 지옥행이었다. 면벌부도 연옥과 관련이 깊은데, 교황의 보증 아래 연옥에서 벌 받는 기간을 줄여 주는 증서이기 때문이다. 그런데 성경에는 연옥에 대한 언급이 전혀 없었다. 연옥은 아주 오래전부터 신화나 전설을 통해 전해 내려오던 제3의 공간으로서, 천국이나 지옥에 가기 전에 반드시 거쳐야 하는 공간이 있다고 믿었던 사람들이 상상해 낸 '견딜 만한 지옥'이었다. 따라서 루터를 비롯한 종교 개혁가들은 연옥의 존재를 믿지 않았고 이와 관련된 성사 및 면벌부 등을 모두 무시했다.

한편, 인간의 도덕 의지와 선행에 대해서도 루터는 가톨릭과 견해를 달리했다. 가톨릭에서는 성사와 더불어 인간의 착한 마음과 행위를 중시했다. 즉 인간이 도덕 의지에 따라 선행을 많이 하면 천국에 갈 확률이 높아진다고 믿었다. 그러나 루터 입장에서 보면 이런 얘기 역시 인간이 자신의 행동으로 하나님의 판단에 영향을 미칠 수 있다고 생각하는 '신성모독'에 가까웠다. 루터는 다음과 같이 말했다. "인간은 노새나 당나귀와 같다. 하나님이 올라타면 하나

님이 원하는 곳으로 갈 것이며, 사탄이 타면 사탄이 원하는 곳으로
갈 것이다."

결국 이와 같은 교리의 근본적인 차이 때문에 루터는 새로운 교
회를 세울 수밖에 없었다. 그런데 루터는 가톨릭교회와 대립할 뿐
만 아니라 자신과 의견을 달리하는 종교 개혁가들과도 마찰을 피할
수 없었다. 개혁의 선구자로서 루터는 가톨릭의 모든 것을 깡그리
부정하는 것은 위험하기 짝이 없는 일이라고 여겼다. 가톨릭의 성
사를 모두 부정하지는 않았으며 가톨릭 교리대로 성찬식에서 떡과
포도주가 예수의 몸과 피로 변한다고 믿기도 했다. 또한 민중보다
지배층의 지지에 종교개혁의 성공이 달려 있다고 믿었기에 제후들
을 걱정시키지 않는 선에서 개혁을 천천히 진행하려고 노력했다.

그러나 타협을 모르는 종교 개혁가들은 루터가 진정한 종교개혁
의 길 중간에 서서 머뭇거리고 있다고 비판했다. 이들 중에는 가톨
릭의 복잡한 성사는 물론이요, 교회도, 사제도, 성경조차도 필요 없
다고 믿는 사람들도 있었다. 또한 병역이나 세금 납부 같은 인간의
제도를 거부하고 오로지 하나님을 위한 삶을 추구하는 종교 개혁가
들도 있었으며, 독일의 농민 전쟁처럼 사회를 개혁하기 위해 노력
하는 것만이 하나님의 뜻을 따르는 길이라고 믿는 사람도 있었다.
종교개혁 세력은 결국 개혁가들의 입장 차이에 따라 루터파, 츠빙
글리파, 재세례파, 칼뱅파 등으로 다시 갈라질 수밖에 없었다.

한편, 가톨릭교회는 1545년에서 1563년까지 18년에 걸친 대회

가톨릭교회는 트리엔트 공의회에서 면벌부 판매를 금지시켰지만 사제의 권위와 7가지 성사, 연옥의 존재 등 이전의 전통은 그대로 고수했다.

의(트리엔트 공의회) 끝에 가톨릭 교리와 법령을 새롭게 정비했다. 우선 가톨릭은 루터의 '오직 믿음만으로'라는 주장에 반대했다. 가톨릭은 믿음과 선행의 중간 입장을 취했다. 또한 종교개혁 세력의 '오직 성경만으로'라는 주장에도 반대했다. 성경과 가톨릭교회의 오랜 전통을 함께 인정하면서 성경을 해석하는 권위가 사제에게 있음을 분명히 선언했다. 7가지 성사와 연옥의 존재에 대해서도 아무런 변경을 가하지 않았다. 말 많고 탈도 많았던 면벌부의 판매를 금지했지만 면벌부가 갖는 의미나 가치는 여전히 인정했다. 가톨릭의 전통은 그대로 지켜졌다.

 근대인의 탄생 프로테스탄티즘의 윤리와 자본주의 정신

루터(Martin Luther, 1483~1546)

'오직 믿음만으로'를 내세우며 가톨릭교회와 대립한 종교개혁의 선구자 마르틴 루터.

평범한 광부였다가 광산업에 직접 뛰어들어 성공한 사업가 아버지의 뜻대로 법학을 공부하던 청년 루터는 1505년 6월 2일에 인생을 완전히 바꿔 놓은 경험을 하게 된다. 부모님 댁에 갔다가 학교로 돌아오던 길에 엄청난 폭우를 만났는데, 하필 숲을 지나던 터라 번개가 요란한 소리를 내며 나무들을 쓰러뜨렸다. 겁에 질린 루터는 땅바닥에 엎드려 기도를 했다.

"성 안나(성모 마리아의 어머니, 광부들의 수호성자)여, 저를 구해 주소서. 구해 주시면 수도사가 되겠나이다."

이후 루터는 아버지의 반대를 뿌리치고 약속을 지켜 수도사가 되었다. 그러나 수도사가 되기 전보다 오히려 더 큰 공포에 사로잡혔다. 늘 죄책감에 시달렸고 도무지 신의 심판을 피할 길이 없는 것 같아 괴로워했다. 수도원장은 절망에 빠진 루터를 비텐베르크 대학에 보내 공부시켰다. 신학 박사가 된 루터는 성서학 강의를 맡으면서 성경을 더 깊이 연구했고 마침내 「로마서」 1장 17절 "복음에는 하나님의 의義가 나타나서 믿음으로 믿음에 이르게 하나니 기록된 바 오직 의인은 믿음으로 말미암아 살리라 함과 같으니라." 라는 구절에서 마음의 평화를 찾았다.

종교개혁의 선구자로 세상을 뒤흔들어 놓았지만 정작 루터 본인은 비교적 평온한 삶을 살았다. 그의 사상을 받아들여 수녀원을 빠져나온 수

녀들 중 한 명과 결혼하여 여섯 명의 자녀를 낳았다. 수도사가 되는 걸 강하게 반대했던 아버지는 매우 기뻐했고 교황은 분노했다. 가톨릭 쪽에는 루터가 수녀와 결혼하고 싶어서 종교개혁을 시작했다고 모함하는 사람들도 있었다.

탁월한 저술가였던 루터는 죽을 때까지 가톨릭과 급진적인 종교 개혁가들을 반박하는 글을 계속 썼다. 구텐베르크가 발명한 금속 활판 인쇄기는 면벌부와 루터의 글을 동시에 찍어 냈다. 루터는 오류를 바로잡기 위해 라틴어 성경이 아니라 네덜란드의 가톨릭 사제이자 인문학자인 에라스뮈스(Desiderius Erasmus, 1466~1536)가 그리스어로 번역한 『신약성경』을 독일어로 번역했는데, 루터의 성경은 독일의 다양한 방언을 통일하여 근대 독일 표준어의 성립에 큰 영향을 미쳤다. 『로마서 강의』(1516), 『그리스도인의 자유에 대하여』(1520)를 비롯한 수많은 저작을 남겼다.

종교개혁
혹은 종교전쟁

　　　　종교개혁이 왜 일어났는가에 대해 후세 역사가들의 의견은 일치하지 않았다. 종교개혁을 지지하는 사람들은 가톨릭교회의 폐해와 무질서가 극에 달해서 개혁이 일어날 수밖에 없는 상황이었다고 주장한다. 한편, 가톨릭의 입장을 옹호하는 사람들은 '개혁'이라는 말을 붙이는 것조차 반대한다. 그들은 널리 알려진 가톨릭교회의 폐해 중에 일부만 사실이고 대부분은 당시 세력을 넓히려는 종교 개혁가들의 중상모략이었다고 주장하기도 한다.

　그렇다면 종교개혁이 그토록 큰 지지를 받으면서 백 년도 안 되는 짧은 기간에 프로테스탄트 세력이 크게 확산된 것에 대해서는 어떻게 봐야 할까? 이에 대해서도 의견이 분분한데, 종교적인 이유뿐만 아니라 정치적인 이유를 살펴봐야 한다는 의견에 상당한 설득력이 있다. 우선 민중의 지지는 앞서 잠깐 언급했듯이 당시 농민 반란과도 관련이 깊은데, 상당 부분은 오해에서 비롯되었다는 것이 사실이다. 오히려 점차 성장하던 도시에서 상인들과 신흥 부르주아들이 종교개혁을 적극적으로 받아들이면서 전통적인 가톨릭 세력인 지방 영주, 농민들과 대립한 면이 적지 않았다.

종교개혁의 역사를 살펴봐도 '개혁'보다는 오히려 '분열', '전쟁' 같은 말에 걸맞은 모습이었다. 루터 이후 종교개혁은 피로 점철된 과정이었다. 어떤 역사학자들은 사실 오늘날 우리가 상상하는 것만큼 중세가 종교적이지는 않았으며 단지 지배층만 가톨릭 문화 속에 깊숙이 있었는데, 종교개혁을 거치면서 지배층과 민중 가릴 것 없이 속속들이 종교의 영향을 받게 되었다고 주장하기도 한다. 이제 가톨릭이냐 프로테스탄티즘이냐 선택하는 문제에 따라 목숨이 왔다 갔다 하는 시대가 온 것이다.

가장 먼저 목숨이 위태로웠던 사람은 물론 루터였다. 그러나 그 후 1529년 슈파이어 제국회의에서 루터의 편을 들며 거세게 항의한 제후들 역시 신변의 안전을 보장할 수 없게 되었다. 이들은 가톨릭 제후들의 공격에 대비하기 위해 비밀 동맹을 맺었다. 가톨릭과 프로테스탄트 사이에 화해를 위한 회의가 여러 차례 개최되었지만 아무런 소득이 없자 신성로마제국 황제 카를 5세는 마침내 전쟁으로 종교 분쟁을 끝내기로 마음먹었다.

처음에는 황제가 이끄는 가톨릭 세력이 승리하는 듯 보였으나 그

새 세력이 상당히 커진 프로테스탄트 동맹의 저항이 만만치 않았다. 결국 많은 희생 끝에 전쟁으로는 문제를 해결할 수 없음을 깨달은 양측은 1555년 아우크스부르크에서 열린 제국회의에서 평화 조약을 체결했다. '지역을 통치하는 자가 그 지역의 종교를 결정한다 cuius regio, eius religio.'는 유명한 원칙이 여기에서 나왔다. 이제 제후들은 자기가 지배하는 영지 안에서 가톨릭과 프로테스탄티즘 중 하나를 선택할 자유를 얻었다. 루터파는 공식적으로 승인되어 가톨릭교회와 동등한 위치에 놓이게 되었다. 그러나 이러한 타협은 잠시 동안의 눈가림에 지나지 않았다.

아우크스부르크 평화 조약은 종교 분열을 인정하면서 평화를 유지하는 것을 목적으로 체결되었다. 루터파와 가톨릭이 함께 인정받았고 이제 프로테스탄트 제후든 가톨릭 제후든 서로 공격해서는 안 되었다. 그런데 몇 십 년도 안 되는 짧은 기간 사이에 프로테스탄트 쪽은 이미 루터파, 츠빙글리파, 재세례파, 칼뱅파 등 다양한 종파로 나뉘어 있었다. 루터파 외에 다른 종파들은 아우크스부르크 평화 조약에서 인정받지 못했다.

아우크스부르크 회의에서 마침내 루터파가 가톨릭교회와 어깨를 나란히 하는 데 성공했지만, 사실 루터파는 확산이 거의 멈춰 가고 있었다. 농민 반란을 통해 루터가 자기편이 아니라는 것을 확실히 알게 된 농민들이 지지를 거둬들였기 때문이다. 독일에서 루터파는 오히려 점점 줄어들기 시작해서 16세기가 미처 끝나기 전에 이미

절반 정도가 가톨릭으로 되돌아갔다.

독일에서 루터의 종교개혁이 한창일 때, 스위스 취리히에서는 츠빙글리(Ulrich Zwingli, 1484~1531)가 비슷한 일을 하고 있었다. 원래 몇 개 도시의 연합 형태로 지방 자치의 전통이 강했던 스위스는 종교 분쟁으로 더욱 분열되는 양상을 보였다. 가톨릭을 믿는 도시들이 동맹을 맺고 개혁 세력을 공격했는데, 가톨릭 동맹이 크게 승리한 1531년 전투에서 츠빙글리는 전사했다.

재세례파는 급진적인 개혁 세력으로 루터가 농민 반란을 외면한 후 농민들의 절대적인 지지를 받았다. '다시 세례를 받는다.' 라는 이름대로 유아 세례를 인정하지 않았으며, 어른이 된 후 진정으로 신앙을 가진 사람들만 세례를 받을 수 있었다. 제국회의에서 이단으로 규정된 재세례파는 농민의 지지를 바탕으로 기존 체제에 저항하며 '재세례파 왕국'을 세우려 했다. 그러나 지배 세력의 탄압을 견디지 못하고 결국 해체되었다.

츠빙글리가 짧은 기간 스위스에 종교개혁의 씨앗을 뿌렸다면, 그 뒤를 이어 종교개혁을 활짝 꽃피운 사람은 칼뱅이었다. 칼뱅은 고향 프랑스에서는 인정받지 못하고 유럽 이곳저곳을 떠돌다가 스위스 제네바에 정착했다. 종교개혁의 중심은 점차 독일에서 스위스 제네바로 넘어갔다. 급진적인 종교개혁 세력들은 루터가 '용서하는 자비로운 하나님'만 가르치고 '엄격한 하나님'은 가르치지 않는다는 점이 불만이었는데, 이에 대해서는 칼뱅도 마찬가지 생각이었다. 제네바에서 칼뱅은 그의 교리에 반대하는 세력을 모두 이단으로 규정하고 무자비하게 탄압했다.

칼뱅의 교리는 스위스 전역과 영국으로 전파되었고 특히 이탈리아와 에스파냐는 칼뱅주의의 근거지가 되었다. 또한 칼뱅을 쫓아냈던 고향 프랑스에서도 뒤늦게 칼뱅주의가 전파되어 세력을 키웠다. 귀족 중에도 칼뱅의 추종자들이 등장하여 가톨릭을 고수하는 황제에 저항했다. 프랑스의 칼뱅파 프로테스탄트들은 '위그노 Huguenot'라고 불렸는데, 이는 '동지'라는 뜻에서 유래된 것으로 알려져 있다.

전통적인 가톨릭 세력에게 프로테스탄트들은 눈엣가시였다. 프로테스탄트들은 점차 정치 세력으로 힘을 키우기 시작했고 두 세력 사이의 갈등은 심해져만 갔다. 프랑스에서 벌어진 성 바르톨로메오 축일 대학살은 종교 분쟁의 상징적인 사건이 되었다. 1572년 8월 23일에서 24일로 넘어가는 밤 동안 벌어진 대학살 때 파리에서만 4천여 명의 위그노가 가톨릭교도들에게 살해되었다.

그러나 성 바르톨로메오 축일 대학살은 갈등의 서장에 불과했다. 1618년에는 유럽 일대의 프로테스탄트 연합과 가톨릭 연맹이 충돌

하여 '30년 전쟁'이 시작되었다. 이 전쟁은 말 그대로 30년 동안이나 지속되었으며 유럽의 여러 나라들이 참전한 대규모 전쟁이었다. 그런데 전쟁의 무대는 유럽 전역이 아니라 독일이었다. 전쟁과 전염병으로 수많은 독일 사람들이 희생되었다. 결국 30년 전쟁은 종교는 분란만 일으킬 뿐이고 정치와 외교를 통한 합의가 세상에 평화를 가져온다는 사실을 다시 한 번 분명하게 일깨워 주는 계기가 되었다.

오랜 전쟁에 지친 프로테스탄트 연합과 가톨릭 연맹은 1648년에 베스트팔렌 강화조약으로 30년 전쟁을 마무리했다. 이 조약은 베스트팔렌 지역의 두 도시에서 따로 회담이 진행되었는데, 가톨릭과 프로테스탄트 사이의 갈등이 너무 심해서 같은 장소에서 머물기도 어려웠기 때문이다. 각 세력은 프로테스탄트 도시 오스나브뤼크와

● ● ●
1648년 베스트팔렌 강화조약이 체결됨으로써 개신교와 가톨릭 사이의 '30년 전쟁'이 종결되었다. 평화 회담을 위해 뮌스터에 모여든 각국의 외교사절들. 바르톨로메오 반 데르 헬스트, 암스테르담 국립미술관.

 근대인의 탄생 프로테스탄티즘의 윤리와 자본주의 정신

가톨릭 도시 뮌스터에서 따로 조약에 서명했다. 그런데 이 조약으로 상황이 크게 달라진 것은 아니었다. 그저 그전에 있던 '지역을 통치하는 자가 그 지역의 종교를 결정한다.'는 원칙을 다시 한 번 확인했을 뿐이다. 다만 다른 점이 있다면, 베스트팔렌 조약을 계기로 칼뱅파가 가톨릭이나 루터파와 맞먹는 위상을 차지하게 되었다.

어쨌든 다시 한 번 원칙을 확인함으로써 이제 가톨릭과 프로테스탄트는 각자 제 갈 길을 걷게 되었다. 황제와 제후들은 현실적인 평화의 길을 선택했고 무력으로라도 종교를 통일시키겠다는 꿈은 아우크스부르크 회의에 이어서 다시 한 번 좌절되었다. 전쟁으로 황폐화된 독일에서는 제후들이 선출하는 황제의 권한이 더욱 약해졌다. 1871년에 프로이센 왕국의 주도하에 독일 제국으로 통일되기까지 독일은 여러 제후들의 종교에 따라 가톨릭 지역과 프로테스탄트 지역으로 뿔뿔이 나뉘어 있었다. 오늘날에도 독일 북부는 프로테스탄트 지역으로, 남부는 가톨릭 지역으로 분류되는 경향이 있다.

칼뱅(Jean Calvin, 1509~1564)

장 칼뱅. 인간의 구원이 하나님의 뜻
에 따라 이미 정해져 있다는 예정설을
주창했다.

칼뱅도 루터처럼 원래 법학도였다. 프랑스 파리 대학에서 공부하던 칼뱅은 친구의 연설문을 함께 작성하면서 에라스뮈스와 루터의 글을 인용했다가 이단으로 찍혀서 도피했다. 파리를 떠나 프랑스 이곳저곳을 방황하는 중에 프로테스탄트로 완전히 전향했다. 27세 때 쓴 『기독교 강요』(1536, 계속 개정하여 1559년 결정판 간행)가 프로테스탄티즘의 신학 대전으로 불리며 명성을 드높인 칼뱅은 한 종교 개혁가의 간곡한 부탁으로 스위스 제네바에 정착하여 본격적으로 종교개혁에 참여하게 되었다.

그러나 얼마 지나지 않아 제네바 시의회와 갈등을 빚고 다시 프랑스로 돌아와 신학 연구에 몰두했다. 3년 후 제네바의 종교개혁이 지지부진하자 시의회는 입장을 바꾸고 칼뱅에게 다시 돌아와 달라고 부탁했다. 칼뱅과 시의회는 제네바에서 종교와 정치가 결합된 신정정치를 펼쳤다. 종교개혁에 동참하지 않는 시민은 추방했고 이단자는 처형했다. 칼뱅은 '지금 두세 명 화형에 처하는 것이 나중에 수천 명을 지옥 불에 떨어뜨리는 것보다 낫다.'고 생각했다. 칼뱅의 냉철하고 엄격한 지도 아래 제네바는 종교개혁의 중심지가 되었다.

칼뱅은 인간의 구원이 하나님의 뜻에 따라 이미 정해져 있다는 예정설로 유명하지만, 실제 그의 신학의 핵심은 '하나님을 아는 지식'이다. 늘 학구적인 태도를 유지한 칼뱅은 두려운 마음으로 하나님을 알아 가는 것이 진정한 신앙이라고 생각했다. 가톨릭의 미사를 폐지하고 설교 중심의 예배를 했으며 목사, 교사, 장로, 집사 등으로 구성된 교회 제도를 만들었다.

'칼뱅주의'로 불리는 칼뱅의 사상은 유럽 각지에 파급되어 프랑스의 위그노교, 스코틀랜드의 장로교, 영국의 청교도파(장로교, 독립교, 침례교 등) 등 여러 국가에 새로운 교회를 탄생시켰다. 한국 개신교 신자의 70퍼센트 이상도 칼뱅주의를 따르는 정신적 후손이라고 볼 수 있다.

M.
Weber

3
시대의 전환점에 선 지식인

종교개혁은 단지 서유럽의 지도를

가톨릭과 프로테스탄트 지역으로 나누기만 한 것이 아니었다.

프로테스탄티즘이라는 새로운 종교의 등장으로 인해

천 년 동안 당연하게 여겨지던 전통이 의심받기 시작했고

사람들의 가치관과 세계관에 큰 변화가 있었다.

따라서 베버는 서양 근대 자본주의의 추진력이 된 정신의 뿌리를

종교개혁 이후 달라진 사람들의 심성에서 찾으려고 했다.

그런데 프로테스탄티즘과 자본주의의 연관성을 탐색하는 베버의 연구는

그 자신의 삶과도 밀접한 관계가 있었다.

베버가 살았던 19세기 말에서 20세기 초까지의 시기는

한 시대가 저물고 새로운 시대가 막 시작하려는 근대의 전환점이었다.

베버는 자신의 눈앞에서 벌어지는 엄청난 변화들이 갖는 의미를

제대로 설명하기 위해 한두 세기 이전의 사건으로 거슬러 올라갔던 것이다.

『프로테스탄티즘의 윤리와 자본주의 정신』의 중심 내용에 들어가기에 앞서

베버가 살았던 시대와 베버의 삶에 대해 간략히 살펴보도록 하자.

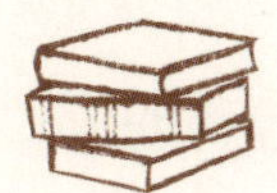

하늘의 어머니,
땅의 아버지

종교개혁이 가장 먼저 일어난 독일에서 가톨릭은 주로 전통적인 귀족의 종교였던 반면, 프로테스탄티즘은 새롭게 떠오른 계급인 부르주아의 종교였다. 독일의 프로테스탄트 중에는 가톨릭교회의 박해를 피해서 종교개혁을 받아들인 지역으로 이주해 왔다가 사업가로 성공한 집안의 후손들이 많았다. 베버의 아버지와 어머니도 경제적으로 넉넉한 프로테스탄트 집안 출신이었다.

막스 베버는 1864년 4월 21일 독일 튀링겐 주 에르푸르트 시에서 아버지 막스 베버(아버지와 아들의 이름이 같다.)와 어머니 헬레네의 팔 남매 중 맏이로 태어났다. 여덟 명의 아이 중 두 여자아이는 어려서 죽었고 네 아들과 두 딸이 남았다. 남동생 알프레트 베버(1868~1958)도 비록 형에겐 미치지 못했지만 유명한 경제학자이자 사회학자가 되어 후세에 이름을 남겼다.

　베버의 친가 쪽은 대대로 아마포(직물의 일종) 사업을 했는데, 할아버지 때까지만 해도 그리 규모가 크지 않았던 사업을 큰아버지가 물려받아 크게 키웠다. 나중에 베버는 큰아버지를 근대적인 자본가의 한 사례로 연구하기도 했다. 한편, 외가 쪽은 주로 정부 관리나 교육자를 배출한 집안이었고 친가 쪽보다 프로테스탄트 신앙이 훨씬 더 독실한 편이었다. 외가 쪽 선조들은 약간의 신경 질환을 가지고 있었는데, 이러한 기질이 나중에 베버에게도 영향을 미쳤다고 알려져 있다.

　베버는 매우 예민하고 병약한 아이였다. 그는 네 살 때 두 가지 큰일을 겪었다. 첫 번째는 탈선한 기관차를 본 일이었다. 어머니와 함께 벨기에에 갔을 때 그는 커다란 기관차가 쓰러져 있는 모습을 보고 충격을 받았다. "나는 멋진 기관차가 주정뱅이처럼 도랑에 빠져 있는 모습을 봤다. 그때 처음으로 이 세상의 위대하면서도 아름다운 것의 덧없음을 실감할 수 있었다." 이런 경험은 겉으로 드러난 현상 뒤에 숨은 진실을 파헤치는 사회과학자로 성장하는 데 최초의 밑거름이 되었다.

　또한 베버는 이 무렵 뇌막염을 심하게 앓았다. 평생 바보가 되거나 죽을지도 모르는 큰 병이었다. 병을 앓는 동안 머리가 눈에 띄게 커졌다. 의사는 베버가 바보가 되거나 죽지 않으면 장차 큰 머리에 많은 지식을 담은 사람이 될 것이라고 예견했다. 다행히 죽지는 않았지만 이는 뒷날 베버가 겪게 될 불행의 징조였다. 병을 앓고 난

후 여러 가지 신경 불안 증세가 나타나기 시작했다.

어느 아이들에게나 부모의 영향은 매우 크지만 베버의 생애에 있어서는 좀 더 중요한 의미를 지녔다. 아버지와 어머니가 너무나 다른 사람이었기 때문이다. 아버지는 원래 법률가였는데 베버가 태어날 무렵에는 에르푸르트 시의원으로 활동하고 있었다. 베버가 다섯 살 되던 해, 아버지는 가족을 데리고 프로이센 왕국의 수도 베를린으로 이사했다. 그는 베를린에서 정치가로 성공하여 프로이센 의원이 되었고 통일 후에는 독일 제국 의회의 의원으로 활동했다.

아버지는 모든 일에 자신만만하고 쾌락을 즐기는 정치인이었다. 그는 권력에 저항하는 사람이 아니라 기존 권력에 붙어서 권력의 단맛을 누리는 사람이었다. 꿈, 이상 같은 단어와는 거리가 멀었고 철저하게 현실적이었다. 그러나 베버의 어머니 헬레네는 독실한 칼뱅파 신도로서 조용하고 지적이었으며 어떻게 사는 것이 하나님의 뜻에 따르는 삶인가 깊이 고민하는 사람이었다. 결국 아이들이 아주 어렸을 때부터 세속적인 즐거움을 추구하는 정치인 아버지와 종교적이고 경건한 어머니 사이에 갈등이 커지기 시작했다.

다른 사람들이 보기에는 교양 있는 부모 아래 귀여운 아이들이 풍요롭게 자라는 가정이었다. 그러나 겉으로 보이는 것과 실제 내부 사정은 달랐다. 아버지와 어머니 사이에 마찰이 점점 심해지면서 베버를 비롯한 자식들은 숨 막힐 것 같은 분위기 속에 살아야 했다. 특히 아버지가 문제였다. 베버의 아버지는 밖에서는 쾌활하고 누구에게나 친절한 정치가였으나 집안에서는 폭군이었다. 어머니와 아이들은 가장의 독재 아래 숨죽이고 살 수밖에 없었다.

그런데 어린 베버는 매일 하나님만 바라보며 수도사같이 사는 어머니보다 성격이 화통한 아버지를 '멋지다!'고 생각했다. 그 자신은 어머니를 닮아 조용하고 수줍음이 많은 성격이었으나 어머니의 깊은 종교심을 이해하지 못했으며 아버지를 닮고 싶어 했다.

열여덟 살에 하이델베르크 대학에 입학한 베버는 아버지처럼 멋진 사나이가 되려고 노력했다. 그는 아버지를 따라 법학을 전공하고 아버지가 대학 시절 활약했던 결투 클럽에 가입했다. 이제 머리만 크고 연약하던 소년은 온데간데없었다. 친구들보다 훨씬 체격좋은 청년이 되어 밤마다 맥주를 퍼마시고 시비가 붙은 사람에게는 과감히 결투를 청했다. 결투에서 칼을 맞아 뺨에 칼자국이 생기기까지 했다. 건달같이 변해서 오랜만에 베를린의 집으로 돌아온 맏아들을 보고 어머니는 실망한 나머지 뺨을 때리기까지 했다.

베버는 하이델베르크 대학에서 3학기까지 마치고 병역 의무를 수행하기 위해 지원병으로 1년 동안 슈트라스부르크(오늘날 프랑스의 스트라스부르)로 가게 되는데, 여기서 인생의 전환점을 맞이하게 된다. 군 복무를 하는 동안 이모부 집에서 하숙을 하게 된 베버에게 이모부와 이모는 제2의 부모가 되어 큰 영향을 미쳤다.

이모부 헤르만 바움가르텐은 슈트라스부르크 대학의 역사학 교수였다. 베버는 군 복무 중에 틈틈이 이모부의 강의를 듣기도 했다.

지극히 현실적인 아버지와 달리 이모부는 자유주의 사상을 가진 학자로서 이상을 중시하고 순수한 면모를 간직하고 있었다. 그는 조카인 베버를 진심으로 아꼈고 지적인 동료로서 존중해 주었다. 오랫동안 아버지의 권위에 억눌려 자랐던 베버에게는 무척 색다른 경험이었다.

이모 이다는 어머니와 마찬가지로 프로테스탄트 신앙이 돈독했으나 어머니처럼 소극적이고 우울하진 않았다. 그녀는 화가 나면 남편과 맞부딪쳐 싸우기도 하고, 방 안에 틀어박혀 기도만 하는 대신 활발한 자선 사업을 통해 신앙을 행동으로 옮기려고 노력했다. 이모 덕분에 베버는 종교가 마냥 갑갑하고 뜬구름 잡는 얘기 같다는 편견에서 벗어나 진지하게 프로테스탄트 목사들의 저서들을 읽기 시작했다.

베버는 군 복무를 하는 1년 동안 이모부, 이모와 함께 지내며 많은 생각을 했다. 그는 자신이 오해하고 있던 어머니의 종교심을 이해하기 시작했으며 아버지가 얼마나 문제가 많은 사람인지 비로소 깨닫게 되었다. 이제 베버와 부모님 사이는 예전과 완전히 달라졌

역사학자이자 자유주의 사상가로 베버에게 큰 영향을 미친 이모부 헤르만 바움가르텐.

다. 베버는 어머니의 경건한 성품과 깊은 신앙심을 존중했고 폭군 같은 아버지의 행동에 분노했다. 그는 아버지를 점점 더 싫어하게 되었다.

군 복무를 마치고 베를린의 집으로 돌아온 베버는 결혼할 때까지 9년 동안 부모와 함께 살았다. 하이델베르크에서 베를린으로 대학을 옮겨 박사 학위까지 마쳤고 대학에서 강의를 하는 동시에 법원의 견습 변호사로도 일했다. 그는 1분 1초를 아끼며 일했고 성직자처럼 금욕적인 생활을 했다. 모범생도 이런 모범생이 없을 정도였다. 그런데 베버의 전기 등에 따르면 이는 그토록 싫어하는, 그리고 점점 더 싫어지기만 하는 아버지에게 경제적으로 의존해서 살 수밖에 없는 처지에서 벗어나기 위한 노력이었다고 한다.

젊은 지식인의
선두에 서다

베버는 예민하고 병약한 아이였던 시절부터 유난히 책을 좋아했다. 열두 살에 마키아벨리의 『군주론』을 읽었고 대학에 들어가기 전에 40권짜리 괴테 전집을 독파했다. 역사와 철학에 특히 관심이 많았으며 괴테뿐만 아니라 스피노자, 칸트, 쇼펜하우어, 루터 등 시대를 뒤흔든 사상가들의 책을 두루두루 섭렵했다. 『구약성경』을 원어로 읽으려고 히브리어를 공부했고, 열세 살 나이에 가족을 위한 크리스마스 선물로 두 편의 역사 논문을 직접 쓰기도 했다.

그런데 베버가 학교 공부에 착실한 학생이었다고 말하기는 어렵다. 수업 시간에는 주로 딴짓을 했고 선생님의 물음에도 건성으로 답할 뿐이었다. 괴테 전집도 수업 시간에 선생님의 강의가 듣기 싫어서 몰래 본 것이었다. 학교 공부에 별다른 의무감을 갖지 못했고

친구들과의 경쟁에서 이길 생각도 없었다. 공부를 못하는 친구들을 위해 거리낌 없이 시험 답안지를 보여 줄 정도였다.

베버의 아버지가 성공한 정치가였기 때문에 베버의 집에는 유명한 정치인과 학자들이 자주 들락거렸다. 베버는 어렸을 때부터 집에 손님으로 온 딜타이, 골트슈미트, 몸젠, 트라이치케 등 당시 독일을 대표하는 학자들을 쉽게 접했다. 나중에 하이델베르크 대학과 베를린 대학에서 베버는 집에 손님으로 들락거렸던 유명한 학자들에게 직접 배울 수 있는 기회를 가질 수 있었다.

하이델베르크 대학에서 베버는 맥주와 칼싸움으로 밤을 보내면서도 공부 역시 손 놓지 않았다. 그는 전공인 법학 외에 경제사, 중세사, 철학, 신학 등에도 관심이 많았다. 대학 시절에 이미 여러 학문의 경계를 넘나드는 대학자로 성장할 낌새를 보이기 시작했으며, 고등학생 때와 달리 대학에서는 아침 일찍부터 꼼꼼히 강의를 들었다. 부모와 떨어져 지내는 동안 베버는 하루 일과와 공부한 내용을 편지에 세세하게 적어 보냈다.

아침 7시 논리학 강의 때문에 일찍 일어날 수밖에 없습니다. 매일 아침 한 시간 정도 펜싱 연습을 하고 그 후에는 모든 강의를 얌전하게 듣습니다. 오후 1시 반에 1마르크짜리 점심을 먹고 가끔 포도주와 맥주를 마십니다. 그리고 2시까지 종종 이종사촌 형, 숙소 주인과 카드놀이를 합니다. 사촌 형은 카드놀이 없이는 못 살 것 같습니다. 저는 방으로 돌아와 강의 노트를 훑어본 다음 슈트라우스의 『낡은 신앙과 새로운 신앙』을 읽습니다. 때로는 오후에 사촌 형과 등산을 하기도 합니다. 밤에는 싼 값에 맛있는 저녁을 제공하는 숙소에서 다시 뭉치는데, 요즘은 규칙적으로 로체의 『미크로코스모스』를 읽습니다. 저와 사촌 형은 이 책에 대해서 매우 맹렬하게 논쟁하곤 합니다.

— 마리안네 베버, 『막스 베버 전기』

베버는 대학에서 강의를 들을 때 혀에 기름칠을 한 듯 말을 잘하는 인기 교수들을 별로 좋아하지 않았다. 특히 강단에 서서 학생들의 젊은 혈기를 자극하는 애국적인 발언을 하거나 민족주의를 불러일으키는 연설을 하는 교수를 싫어했다. 『19세기 독일 역사』라는 저작으로 잘 알려진 트라이치케(Heinrich von Treitschke, 1834~1896)가 이런 유형의 학자였다. 나중에 베버는 '직업으로서의 학문'이라는 주제로 강연하며 강의실에서 자신의 세계관을 학생들에게 강요하는 사람은 교수가 아니라 예언자라고 신랄하게 비판하기도 했다.

반면 베버는 골트슈미트(Levin Goldschmidt, 1829~ 1897)나 몸젠(Theodor Mommsen, 1817~1903)같이 매우 성실하고 조용하다 못해 다소 지루하기까지 한 학자들을 존경했다. 그는 베를린 대학에서 상법商法 연구로 이름이 높던 골트슈미트의 지도를 받으며 중세 지중해 부근에서 활동하던 무역 회사들의 역사에 대한 박사 학위 논문을 완성했다. 법 제도의 변화와 경제의 변화를 연관시켜 살펴본 이 논문에서 이미 법학이나 경제학 같은 하나의 학문 틀에 갇히지 않는 사회과학자의 모습이 드러나기 시작했다.

베버가 독일의 대학 제도에 따라 박사 학위 논문을 제출하고 구술시험을 치를 때였다. 지정된 토론자들의 질문에 모두 답한 후 마지막으로 청중의 질문을 받을 차례가 되었다. 청중 가운데 앉아 있던 72세의 노학자 몸젠이 손을 들었다. 몸젠은 뿔뿔이 전해져 내려오던 로마법을 집대성하여 책으로 펴냈을 뿐만 아니라 글솜씨도 탁월하여 미완성작인 『로마사』로 1902년에 노벨 문학상까지 수상한 역사가다. 이런 대가가 이제 막 연구를 시작한 풋내기 연구자에게 질문을 던지려 하자 청중들은 귀를 쫑긋 세웠다.

몸젠은 자는 시간과 식사하는 시간 외에는 책에서 손을 놓지 않은 학자로도 유명한데, 이런 일화가 전해진다. 어느 날 몸젠이 심하게 흔들리는 마차 안에서 책을 읽고 있었다. 그런데 옆에 앉은 아이가 너무 시끄럽게 굴어 독서에 방해가 되었다. 몸젠은 화가 나서 물었다. "얘, 넌 이름이 뭐냐?" 아이는 깜짝 놀라서 대답했다. "아빠,

전 아빠 아들 하인리히인데요."

구술시험에 이어진 청중 질의 차례에서 몸젠과 베버는 로마의 식민지와 자치 지역의 차이에 대해서 길게 토론했다. 몸젠은 다음과 같은 말로 토론을 마쳤다. "저는 여전히 제 생각이 더 옳다고 생각하지만 젊은 연구자의 진척을 방해하고 싶지 않으며 더 이상 반론을 계속하고 싶지 않습니다. 그러나 무덤으로 가야 할

독일의 역사학자 몸젠. 연구자로서의 청년 베버의 능력을 높이 평가했다.

때가 오면 제가 높이 평가하는 막스 베버에게 이렇게 말할 것입니다. '아들아, 내 창槍을 받아 다오. 이제 내 팔에는 너무 무겁구나.'" 이것은 대학자가 이제 막 박사 학위를 취득하려는 연구자에게 해 줄 수 있는 가장 큰 칭찬이었다.

베버는 박사 학위를 받은 후 2년 만에 마이첸(A. Meitzen, 1822~1910) 교수의 지도를 받아 교수 자격 논문을 제출했다. (독일에서는 박사 학위를 받으면 강의를 할 수 있는 자격이 주어지지만 정식 교수가 되기 위해서는 교수 자격 논문을 써야 한다.) 로마의 농업사에 대한 이 논문 역시 경제와 법률이 교차되는 부분에 대한 연구였다. 베버는 교수 자격 논문을 쓰면서 지도 교수뿐만 아니라 몸젠과 치열

한 토론을 하면서 생각을 정리해 나갔다.

교수 자격 논문을 쓴 후 베버는 법률가의 길을 포기하고 학자로서 평생 학문에 전념하기로 결심했다. 이 무렵 팍팍하기만 한 베버의 일상에 한 줄기 봄바람이 불어왔다. 큰아버지의 외손녀 마리안네가 베를린에 와서 오랜 기간 베버의 집에 머물렀다. 마리안네와 베버는 서로 호감을 가졌으나 베버의 어머니는 마리안네를 베버의 친한 친구와 결혼시키고 싶어 했다. 약혼녀가 이미 따로 있었던 베버는 갈등하지 않을 수 없었다.

베버는 1년간 지원병으로 군 복무를 마친 후에도 장교 훈련을 위해 종종 슈트라스부르크로 가야 했는데, 이모부 집에 머물면서 사촌 동생 에이미와 사랑에 빠졌다. 그러나 두 사람은 결혼할 수 없었다. 에이미가 건강이 좋지 않아 늘 요양원 신세를 지는 처지였기 때문이다. 마리안네가 등장했을 때 요양원의 에이미는 조금씩 건강이 좋아지고 있던 참이었다. 베버는 고민 끝에 요양원을 찾아가 에이미와 친구로 지내기로 하고 약혼을 파기했다. 마리안네와 결혼하려던 베버의 친구는 쓰라린 배신을 맛봐야 했다.

베버와 마리안네는 1893년에 결혼했다. 두 사람 사이에 자녀는 없었지만 오랫동안 화목한 가정을 이루었다. 베버는 폭군 아버지의 전철을 밟지 않기 위해 노력했다. 그는 부인을 존중했으며 죽기 전까지 가장 가까운 친구이자 동료로 지냈다. 마리안네는 베버가 죽은 뒤에 『막스 베버 전기』(1926)를 썼으며 여성운동에 앞장섰다. 본

인도 훌륭한 학자로서 여러 편의 저술을 남겼다.

결혼한 이듬해인 1894년, 불과 서른이 갓 넘은 나이에 베버는 프라이부르크 대학의 경제학 및 재정학 정교수로 초빙되어 갔다. 전공인 법학이 아니라 경제학 분야의 교수로 가게 된 것은 전공에 얽매이지 않은 연구 논문들 덕분이었다. 베버 역시 딱딱하고 지루한 법학보다 경제학에 훨씬 더 끌리고 있었다. 그러나 베버는 자신이 경제학 분야에서는 초보에 가깝다고 생각했고 교수 자리에 큰 부담을 느꼈다. 밤늦게까지 잠 못 자고 강의를 준비하는 남편을 걱정하는 아내에게 베버는 "나는 새벽 1시까지 일하지 않으면 교수 일을 해낼 수 없을 것이오." 하고 말했다.

겸손한 말과 달리 베버는 엄청난 노력으로 경제학 분야에서 두각을 나타내며 자신의 영역을 확고하게 다졌다. 또한 학계와 정치계를 굳이 가르지 않았다. 매우 진지한 학술 논문을 쓰는 동시에 시사적인 칼럼도 썼다. 일에 대한 적극적인 열정, 독창성을 발휘할 수 있는 곳이라면 어디라도 갔다. 베버는 젊은 학자들의 선두에 서서 존경과 기대를 한 몸에 받았다.

베버의 엘베 강 동쪽 농민 연구

베버는 교수 자격 논문을 쓰고 나서 곧바로 '사회정책학회'의 독일 농민들에 대한 대규모 실태 조사에 참여했다. 농민에 대한 연구였지만 농민들이 대부분 문맹이었기에 사회정책학회는 지주나 성직자들을 인터뷰하고 설문 조사할 수밖에 없었다. 베버는 엘베 강 동쪽을 맡아 1892년 2월부터 9월까지 학회에서 조사한 자료들을 분석했다. 이 연구는 이후 베버가 전공인 법학이 아니라 경제학 교수가 되는 데 중요한 역할을 했다. 여기서는 연구의 다양한 주제 중에『프로테스탄티즘의 윤리와 자본주의 정신』과 관련이 있는 부분만 살펴보기로 하자.

19세기 독일은 엘베 강을 기준으로 동쪽과 서쪽 농민들의 처지가 상당히 달랐다. 서쪽의 농민들은 대부분 독립적인 자영 농민으로서 자기 땅을 일구며 평온하게 살았다. 그러나 동쪽은 독일 제국의 지배 세력인 '융커Junker'가 장악하고 있었다. 융커는 대규모 토지를 소유한 귀족 계층을 말하는데, 이들은 여전히 중세의 영주처럼 살며 농민들에게 강압적으로 일을 시켰다.

엘베 강 동쪽의 농민들은 융커에게 완전히 예속되어 살아가는 농민과 매일 일한 만큼 임금을 받는 농민으로 나뉘었다. 즉 중세 농민처럼 살아가는 농민들과 현대 사회의 노동자처럼 사는 농민들이 함께 있었던 셈이다. 그런데 생활수준을 보면 귀족에게 종속된 농민들이 오히려 나았다. 종속된 농민들이 비교적 안정적인 삶을 누린 반면, 임금을 받는 농민은 늘 일이 있는 것이 아니므로 수입이 불규칙하고 삶이 불안정했다.

그런데 베버는 귀족에게 예속된 농민들이 임금을 받는 농민으로 전환하는 경향이 강함을 발견했다. 농민들 스스로 임금 노동자를 선택하는 경우가 많았는데, 이것은 단순하게 경제적인 이익만 고려해서는 도저히 설명이 되지 않는 문제였다. 베버는 여기에서 '자유를 향한 의지'를 발견했다. 농민들은 자유를 위해서 불안정한 삶을 감수했던 것이다.

베버는 농민들이 자유를 추구하고 독립적으로 살고 싶어 하는 것에 대해 그것이 진정 합리적인 것인지, 혹은 환상에 불과한 것인지 판단을 내리지는 않는다. 다만 경제적인 이해관계뿐만 아니라 사람들의 행동을 이끄는 관념을 이해해야만 사회경제적 변동의 의미를 정확하게 파악할 수 있다는 결론을 내린다. 따라서 베버는 나중에 『프로테스탄티즘의 윤리와 자본주의 정신』에서도 사람들의 관념 변화를 주의 깊게 관찰한다.

상승과
몰락

베버가 살았던 시기는 독일 역사에서 제2제국(1871~1918) 시기와 거의 일치한다. 제1제국은 신성로마제국(962~1806)인데, 이때에는 명색이 제국이었지 사실 작은 나라들의 느슨한 연합에 불과했다. 1871년 프로이센 왕국의 주도하에 통일을 이룬 뒤 독일은 빌헬름 왕조의 제2제국 시기로 접어들었다. 참고로 제3제국(1933~1945)은 히틀러의 나치 정권이 스스로 칭한 말인데, 신성로마제국과 제2제국을 계승한다는 뜻을 지녔다. 흔히 '독일 제국'이라고 하면 베버가 살았던 시기의 제2제국을 가리킨다.

19세기에 독일은 뒤늦게 산업화 경쟁에 뛰어들었다. 영국보다 훨씬 늦었고 프랑스나 다른 유럽의 국가들보다도 늦은 시기였기에 독일은 서유럽에서 '지각한 국가'로 불렸다. 그러나 국가가 산업화 정책을 주도하며 다른 나라들을 따라잡기 시작했고, 1871년 통일을 이루면서 산업화 추진에 더욱 박차를 가하게 되었다. 프랑스나 영국에서는 시민사회의 성장으로 민주주의가 발달하는 것과 맞물려 산업화가 진행되었지만, 독일은 철저하게 정부와 귀족 계층이 앞장서는 '위로부터의 개혁'이 이루어졌다.

국가의 강력한 주도하에 독일은 짧은 기간에 눈부신 성과를 거두었다. 유럽의 후진국 취급을 받던 나라가 수십 년 만에 선진국 대열에 끼여 식민지 쟁탈전에 나설 정도가 되었다. 이처럼 빠른 도약을 이루어 낸 독일식 발전은 국가가 주도하는 발전 전략의 전형이 되었다. 일본이 서구 열강과 어깨를 나란히 할 만큼 급성장한 것도 상당 부분 독일을 따라 한 결과였다.

그러나 이러한 성장 방식은 여러 가지 부작용을 낳았다. 특히 경제의 발달 속도에 맞춰 정치 수준이 높아지지 못하는 것이 큰 문제였다. 독일은 대토지를 소유한 귀족과 하층 농민들로 확연하게 갈라져 있었으며, 귀족층을 대신하여 새로운 시대의 정치를 책임질 시민 계층이 성장하지 못했다. 국민들은 중세 시대와 마찬가지로 강력한 지도자 한 명에게 모든 걸 맡기고 무조건 순종하기만 했다.

당시 독일을 이끈 강력한 지도자는 비스마르크(Otto von Bismarck, 1815~1898)였다. 비스마르크는 독일 제국 영토와 인구의 60퍼센트 정도를 차지하던 프로이센 왕국의 총리로서 프로이센을 중심으로 한 독일 통일에 결정적으로 기여했고, 통일 후에는 독일 제국의 총리가 되었다. 그는 '철혈재상'이란 별명으로 불리는데 언

철혈재상으로 불리며 독재 정치를 펼친 비스마르크. 베버는 국민들의 정치적 미성숙을 우려해 그의 정치 방식에 비판적이었다.

론이나 다수결이 아닌 철과 피, 즉 군사력으로 문제를 해결하는 정책을 폈기 때문이다. 그는 민주적 절차나 정당 정치, 의회 등을 비효율적이라고 여기고 독재 정치를 했다.

베버는 독일 국민들이 비스마르크에 전적으로 의존하는 상황에 대해 심각하게 걱정했다. 그는 비스마르크의 탁월한 능력을 인정했으나 그의 정치 방식에는 동의하지 않았다. 그는 독일 국민들의 정치적 미성숙을 염려했으며 비스마르크가 사라진 뒤에 남을 '진공 상태'를 두려워했다. 비스마르크의 독재 정치는 나약하고 의존적인 국민들을 낳았고 독일 사회가 민주적인 시민사회로 나아가는 데 걸림돌이 되었다. 후세 역사가들은 독일의 정치적 미성숙이야말로 제1차 세계대전(1914~1918)뿐만 아니라 히틀러의 등장과 제2차 세계대전(1939~1945)까지도 영향을 미친 근본적인 문제였다고 지적한다.

베버는 수단과 방법을 가리지 않고 오로지 결과만을 중시하는 비스마르크식 독재를 비판했지만 한편으로 누구 못지않게 독일이 선진국이 되기를, 서구 열강 중에 진정한 승리자가 되기를 간절히 바란 민족주의자였다. 그에게는 가치중립적이고 냉철하게 현실만 바라봐야 하는 학자의 마음과 조국의 발전을 최우선으로 바라는 정치가의 마음이 함께 자리 잡고 있었다. 이 두 가지 마음은 한 방향으로 일치하기도 하고 서로 갈등을 일으키기도 했다.

베버는 프라이부르크 대학에 초빙된 지 1년 뒤에 관례에 따라 교수 취임 강연을 했다. '민족국가와 경제 정책'이라는 제목의 연설에서 그는 당시 불타오르던 민족주의와 냉철한 학문적 자세를 결합해 독일이 강대국이 되어야 한다고 주장하는 동시에 독일 제국이라는 새로운 국가의 정치적, 경제적 주체는 시민 계층이 되어야 한다고 역설했다. 베버가 보기에 아무리 위대한 정치가가 이끄는 나라라고 해도 국민이 정치적으로 성숙하지 못하면 진정으로 발전할 수 없다는 것이 역사학과 경제학을 통해 드러난 객관적 사실이었기 때문이다.

베버는 프라이부르크 대학에서 일한 지 3년 만인 1897년에 하이델베르크 대학에 초빙되어 자신이 대학 생활을 보낸 곳으로 돌아갔다. 고작 서른세 살의 나이에 독일 역사학파의 창시자로 불리는 크니스(Karl Knies, 1821~1898)의 후임이 된 베버는 독일을 대표하는 학자로 계속 성장하고 있었다.

그러나 앞날이 창창하던 베버에게 큰 시련이 닥쳤다. 베버 부부가 거주지를 하이델베르크로 옮긴 바로 그해 여름에, 베버의 어머니는 베를린의 집을 떠나 베버 부부와 함께 머물고 있었다. 그런데 정계에서 은퇴해 쉬고 있던 아버지가 갑자기 베버의 집을 방문했다. 어머니는 남편의 억압에서 벗어나 아들 부부와 몇 주일 정도 더 보내고 싶었지만 아버지는 강제로 어머니를 끌고 집으로 돌아가려고 했다.

베버는 더 이상 참지 못하고 아버지에게 강하게 대들었다. 아들은 착한 어머니를 난폭하게 대하는 아버지를 거침없이 비난했다. 그리고 아버지에게 집에서 나가라고 소리쳤다.

이때 오랫동안 내재해 있던 불행이 폭발했다. 아들은 쌓인 불만을 억제할 수 없었다. 용암이 흘러내렸다. 걷잡을 수 없는 일이 벌어졌다. 아들이 아버지를 재판한 것이다. 여자들 앞에서 재판은 벌어졌다. 그는 누구의 말도 듣지 않았다. 그는 무엇 하나 양심에 거리끼지 않았다. 그 역시 가정의 곤란한 문제를 여태까지와 마찬가지로 조용하게 처리하지 않고 이처럼 난폭하게 다루는 것을 좋게 생각하지는 않았다. 그러나 중요한 것은 어머니의 자유였고 어머니 쪽이 약자였다. 어느 누구도 그녀에게 정신적인 압제를 가할 권리는 없었다.

— 마리안네 베버, 『막스 베버 전기』

아들이 아버지를 재판한 사건이 터지고 난 후 상심한 아버지는 마음의 문을 닫고 친구와 여행을 떠났다. 그런데 베버와 아버지는 끝내 화해할 수 없었다. 사건이 터진 후 두 달도 채 못 되어 아버지가 병으로 죽고 말았기 때문이다.

결국 베버의 머릿속을 짓누르던 수많은 스트레스들이 한꺼번에 터져 버렸다. 아버지와 어머니, 이모부와 이모를 보면서 느꼈던 인생의 목표와 가치관에서의 갈등, 아픈 사촌과의 약혼을 파기하고 가장 가까운 친구가 사랑하는 여자를 가로채어 결혼한 죄책감에 전공인 법학이 아닌 경제학 교수로 일하면서 느꼈던 스트레스가 더해졌다. 게다가 매일 밤을 지새우다시피 일한 까닭에 극심한 피로까지 겹쳤다.

처음에는 단순한 열병이려니 했다. 의사는 휴식과 여행을 권했다. 그러나 계속 긴장 상태에 있고 도무지 잠을 잘 수가 없었다. 냉수마찰도 해 보고 요양원에서 두 달 동안 지내보기도 했지만 조금도 나아지지 않았다. 아버지의 죽음 후 수년 동안 베버는 아무 일도 하지 못했다. 책도 읽을 수 없었다. 대학에서의 강의는 도저히 불가능했다. 스위스와 이탈리아의 요양소들을 돌아다니며 그저 쉬어야만 했다.

수수께끼와 같은 병을 앓으면서도 베버는 병을 이기기 위해 부단히 애썼다. 강의를 면제받았으나 학생 지도는 계속했다. 그러나 점차 자신이 아무 일도 할 수 없다는 사실을 받아들일 수밖에 없었다. 대학에 사표를 냈지만 대학 측은 장기 휴가로 처리하며 베버를 놓아주지 않았다. 고통 없이는 읽을 수도, 쓸 수도, 말할 수도 없는 나날이 계속되었다. 아무리 공기 좋고 물 맑은 요양소를 찾아가도 제대로 잠을 잘 수 없었다. 정신병원에 입원하기도 했지만 아무 소용이 없었다.

4년의 긴 투병 끝에야 조금씩 회복의 기미가 보이기 시작했다. 하루에 4시간 정도는 일할 수 있을 정도로 기력을 되찾았다. 청탁 때문에 어쩔 수 없이 쓴 것이었지만「로셔와 크니스, 그리고 독일의 역사학과 경제학의 논리적 문제」라는 논문을 쓸 수 있을 정도였다. 그래도 역시 강의는 불가능했다. 베버는 고집을 부려 대학에 다시 사표를 제출했고 50세도 채 안 된 한창 나이에 아무런 의무도, 권한도 없는 '명예 교수'가 되었다.

그러나 대학에서 완전히 물러날 무렵, 베버는 이미 새로운 연구에 도전하고 있었다. 바로 몇 년 뒤『프로테스탄티즘의 윤리와 자본주의 정신』이라는 제목으로 발표될 연구를 시작하고 있었던 것이다. 베버는 대학교수라는 부담에서 완전히 벗어나 오직 조용히 연구하는 작업에만 몰두했다. 하루에 4시간 이상 일하기 어려운 상태에서 선택한 유일한 일이었다. 그나마 여전히 2, 3주 정도 일하면 그보다 더 긴 시간을 쉬어야만 하는 열악한 상태였다. 베버 부부는 요양을 위해 1년에 대여섯 차례씩 긴 여행을 떠났다.

그런데 4년의 공백이 베버에게 마냥 헛된 시간만은 아니었다. 그 시기는 오히려 대학교수로서 감당해야 했던 바쁜 업무에서 한 발 물러나 진정한 학자의 길을 발견한 시기였다. 마르크스가 아무런

　근대인의 탄생 프로테스탄티즘의 윤리와 자본주의 정신

돈벌이 없이 도서관과 집만 왔다 갔다 하며 『자본』이라는 대작을 쓴 것처럼, 비틀즈가 콘서트를 그만두고 스튜디오에 들어앉은 후에 세기의 명반을 내기 시작한 것처럼, 베버도 병으로 대학을 떠난 뒤에 자신의 전공 분야를 넘어 폭넓은 시선으로 세상을 바라보기 시작했다. 그는 어떤 전통에도, 어떤 제도에도, 어떤 학문의 틀에도 갇히지 않는 연구에 도전했다.

마리안네 베버의 『막스 베버 전기』

●●●
결혼한 이듬해인 1894년의 베버 부부. 마리안네는 막스의 전기를 써서 그의 삶을 세상에 알리는 데 결정적인 기여를 했다.

마리안네는 베버의 평생 반려자로서 베버가 학문에서 큰 업적을 남기는 데 중요한 역할을 했다. 베버의 어머니와 마리안네는 베버를 위인으로 만들기 위해 최선을 다했다고 알려져 있다.

마리안네는 베버가 죽은 뒤 『막스 베버 전기』를 썼는데, 이 책은 위인전이라고 해도 될 정도로 베버를 영웅화하고 있다.

지나치게 영웅적으로 묘사했다는 단점을 지적받긴 하지만, 『막스 베버 전기』는 베버를 연구하는 학자들이 가장 먼저 접하는 중요한 자료가 되었다. 또한 19세기 말에서 20세기 초의 서유럽 지성사를 연구하는 학자들에게도 꼭 필요한 책으로 평가받는다.

마리안네는 1926년 『막스 베버 전기』를 펴낸 뒤 1936년에는 베버의 편지를 정리하여 『막스 베버 청년 시대의 편지』라는 책으로 묶어 내기도 했다.

마리안네는 베버의 삶을 세상에 알리는 데 결정적인 기여를 했지만 어두운 면을 감추는 데도 큰 역할을 했다. 베버가 앓았던 병이 어떤 병인지 아직도 제대로 알려져 있지 않은데, 베버가 의사에게 제출한 자기 분석서를 마리안네가 일부러 파기했다는 설도 있다. 마리안네는 베버가 위대한 천재라고 굳게 믿었고 『프로테스탄티즘의 윤리와 자본주의 정

신』도 천재답게 일거에 써내려 갔다고 얘기했다. 그러나 이 말을 곧이곧
대로 믿는 사람은 거의 없다. 『프로테스탄티즘의 윤리와 자본주의 정
신』은 누가 봐도 오랜 자료 조사와 긴 고민 끝에 힘들게 나온 저작임을
알 수 있다.

FRANKLIN
RED DOLLA
10

4

자본주의 정신이란 무엇인가?

갑작스런 병으로 아무 일도 할 수 없게 되고,

교수직마저 포기해야 하는 상황에서 베버는 새로운 기회를 맞이했다.

그는 대학, 학계, 교수직 같은 제도의 굴레에서 벗어나

자유로운 사회과학자로서 인간과 사회를 둘러싼 근본적인 문제들에

과감하게 도전할 수 있었다. 또한 새로운 연구와 함께 기운을 되찾기 시작했다.

베버의 박사 학위 논문, 교수 자격 논문 등 초기 작들에서

이미 뛰어난 학자의 면모가 엿보이긴 하지만,

그것들은 당시 독일의 주류 학계에서 가장 중요시하던 문제들을

충실하게 다룬 기술적인 논문에 속했다.

베버는 4년의 공백을 거치면서 학계의 전통이나

분위기에 얽매이지 않고 훨씬 폭넓고 과감한 상상력을 발휘할 수 있었다.

『프로테스탄티즘의 윤리와 자본주의 정신』은 이러한 배경에서 탄생했다.

자본주의의
첨단을 보다

　　1904년 여름, 베버의 미국 여행은 지난 몇 년간의 여행처럼 요양과 치료를 위한 여행이 아니었다. 옛 동료 교수가 미국에서 열린 국제 학술 대회에 베버를 초대했는데, 베버는 이 학술 대회에서 논문을 발표하고 강연을 했다. 오랜 공백을 깨고 학자로서 재기를 알리는 사건이었다. 이후 베버는 부인과 함께 3개월 동안 미국을 여행하며 미국 문명의 독특한 성격에 깊은 인상을 받았다. 이 여행에서의 경험은 그 전부터 집필하고 있던 『프로테스탄티즘의 윤리와 자본주의 정신』을 완성하는 데 큰 영향을 미쳤다.

　한 달간의 항해 끝에 미국 뉴욕 항에 도착한 베버는 깜짝 놀랐다.

　"아, 이 나라는 유럽과 너무나 다르구나."

　평화롭고 고즈넉한 유럽 도시와 달리 엄청난 교통량과 소음, 하늘 높이 솟은 건물들이 다닥다닥 붙어 있는 광경을 보고 같이 간 독일 학자들은 신경 불안 증세에 시달릴 정도였다. 그러나 베버는 오히려 병을 앓은 이래 가장 원기 왕성한 시간을 보냈다. 그는 미국의 첫인상에 대해 다음과 같이 적었다. "특별한 감격 같은 것은 전혀 없다. 다만 뉴욕에서 고작 하루 반을 보냈을 뿐인데, 미국에 대해서 불평을 늘어놓는 독일인 동행자에게 화가 날 뿐이다."

호기심 많기로 둘째가라면 서러운 사회과학자 베버는 미국에서 보고 들은 것들을 모두 머릿속에 담아 가려고 했다. 베버는 좋다, 나쁘다를 판단하지 않고 미국 자체를 정확하게 관찰하길 원했다. 그는 일 분 일 초가 아까웠다. 친절한 미국인이 뉴욕을 구경시켜 주겠다며 몇 시간 동안 전차를 타고 시내를 돌았을 때 베버는 간신히 분노를 참았다. 전차 안에서는 건물 아랫부분밖에 안 보였기 때문이다.

뉴욕에는 1880년대부터 이미 초고층 빌딩이 지어져 '마천루sky-scraper'라는 말이 처음으로 등장할 정도였다. 그러나 유럽의 오랜 전통과 문화에 대한 자부심이 강했던 독일 학자들은 뉴욕의 빌딩 숲과 수많은 사람들의 물결을 보며 천박하고 상스럽다고 여겼다. 베버 역시 초고층 빌딩에 대해 독일에서 가장 멋없는 아파트 10채를 쌓아 올린 것 같다고 말했다. 그러나 베버는 이것이 단순히 아름답다거나 추하다고 판단할 문제가 아님을 깨달았다. 그는 미국에서 완전히 새로운 문화가 탄생하고 있다고 느꼈다.

베버 부부는 며칠 뉴욕에 머문 후 3개월간 미국 곳곳을 여행했다. 베버는 아름다운 강과 광활한 초원 같은 미국의 대자연도 감상했지만, 자연보다 인간이 만든 것과 사람들이 어떻게 살아가고 있는가에 훨씬 더 흥미를 가졌다. 그는 뉴욕, 시카고 같은 대도시뿐만 아니라 작은 도시들에도 꼬박꼬박 들러서 미국인들이 사는 모습을 관찰했다.

베버의 눈에 가장 먼저 띈 것은 미국 내부에 도사리고 있는 강렬한 개인주의였다. 다섯 명 이상의 손님을 초대하는 것이 불가능한 작은 집에서 사람들은 각자 자기 방에 틀어박혀 살고 있었다. 베버는 미국의 집들이 인형의 집 같다고 기록했다. 물론 일부 특권층의 집은 크고 호화롭기 이를 데 없었지만 그날 벌어 그날 먹고사는 노동자들의 곤궁한 삶을 관찰할 기회가 많았다.

귀족의 생활 방식을 그대로 모방하여 고풍스런 저택에서 유모와 하인을 두고 살아가는 독일의 부르주아들과 달리 미국의 중산층은 이 무렵 이미 오늘날의 모습과 거의 비슷하게 살고 있었다. 임대 아파트에 살면서 남편은 공장에 일하러 나가고 아내는 직접 청소, 요리, 세탁을 하며 애들을 키웠다. 오늘날 핵가족의 전형적인 삶의 모습을 처음 본 베버는 매우 신기해했는데, 그가 아무리 뛰어난 사회과학자라 해도 그 후 수십 년도 채 지나지 않아 유럽의 나라들 역시 이와 같은 생활 방식을 그대로 따르리라고는 예측할 수 없었다.

또한 베버는 여러 민족이 함께 살아가는 양상에도 놀랐다. 여러 인종과 수많은 민족의 집합체인 미국에서는 그리스인이 구두를 닦고, 독일인이 하인으로 일하고, 아일랜드인이 정치가가 되고, 이탈리아인이 건설 현장 노동자로 땀을 흘렸다. 유럽에서 당연시되는 민족의 서열이나 차별 같은 것이 무의미했다. 유럽에서 가장 천대받는 민족인 유대인들도 막대한 재력을 바탕으로 당당히 자리를 잡고 있었다. 뉴욕의 한 극장에서 상연되는 〈베니스의 상인〉에서는 셰익스피어의 원작과 달리 유대인 고리대금업자 샤일록이 재판에서 이기는 것으로 결말이 바뀔 정도였다.

그러나 무엇보다도 시카고의 도살장이 가장 놀랍고 충격적이었다. 매일 수천 마리의 소와 돼지가 공장 시스템으로 해체되는 도살장은 첨단 자본주의가 낳은 새로운 광경이었다. 베버는 어머니에게 쓴 편지에서 도살장의 '피의 바다'를 적나라하게 묘사했다.

소는 아무것도 모르고 도살장에 발을 들여놓은 순간 해머의 일격을 받고 나뒹굽니다. 그러면 순간적으로 철로 만들어진 손이 내려와 그 소를 잡아 높이 올려서는 옮기기 시작합니다. 끊임없이 앞으로만 전진하여 차례차례로 대기하고 있는 노동자의 앞을 지나게 되면 노동자들은 내장을 빼고 가죽을 벗기는데, 이 작업은 언제나 소를 노동자 앞으로 가져다주는 기계의 속도에 맞추어 이루어지고 있습니다. 지독한 냄새를 풍기며 피어오르는 김과 오물과 피 속에서 참으로 믿기 어려운 작업 능률을 보여 주고 있습니다.

— 마리안네 베버, 『막스 베버 전기』

또한 매년 400명 정도가 전차에 치여 죽거나 불구가 되지만 아무런 방지책도 마련하지 않는 뉴욕의 전차 회사 역시 자본주의의 놀라운 단면이었다. 전차 회사는 전차에 치여 다친 사람이나 죽은 사람의 유가족에게 법에 따라 손해 배상을 해야 했지만 사고를 막기 위한 어떤 방지책도 마련하지 않았다. 손해 배상을 하는 것이 방지책을 마련하는 것보다 싸게 먹힌다는 단순한 이유 때문이었다. 자본주의의 한복판에서는 사람이 죽고 다치는 문제보다 경영에서의 이윤이 더 중요했다. 베버는 부인에게 말했다. "봐요, 현대사회란 이런 거요."

미국 여행 중 사고 방지책 마련에 소홀한 뉴욕의 전차 회사를 보고 베버는 사람의 생명보다 이윤을 더 중시하는 자본주의의 어두운 단면을 본다. 1905년 뉴욕 전차 사고 장면.

그러나 베버 부부가 미국에서 우울하고 어두운 모습만 본 것은 아니었다. 자본주의 특유의 엄청난 활력과 생산성, 강렬한 경쟁 속에 끊임없이 성장하고 발전하는 모습도 볼 수 있었다. 특히 그들에게 감명을 준 것은 미국의 대학이었다. 대부분의 대학은 프로테스탄티즘의 여러 종파에서 세웠으며 종교적 전통을 고수하고 있었다. 학생들은 늘 단정하고 경건한 태도를 유지해야 했고 독일의 대학생보다 훨씬 강도 높은 직업 교육을 받았다.

베버는 미국을 떠나기 전 뉴욕에서 다시 제법 길게 체류하며 도서관에서 자료들을 검토했다. 그는 자신이 미국에서 받은 인상들을 학문적으로 정리하려고 애썼다. 또한 이제 병이 거의 다 나아서 몸 안에 힘이 축적되고 있는 느낌을 받았다.

독일로 돌아오자마자 베버는 동료 학자 좀바르트(Werner Sombart, 1863~1941)와 함께 『사회과학과 사회정책 저널』의 편집을 맡았다. 그는 이 잡지에 두 차례에 걸쳐 「프로테스탄티즘의 윤리와 자본주의 정신」을 게재하였고 「사회과학적, 사회정책적 인식의 객관성」, 「문화과학의 논리에 있어서의 비판적 연구」, 「세계 종교의 경제 윤리」 등 오늘날에도 널리 읽히는 논문들을 쏟아내다시피 발표했다. 대학을 떠나 있긴 했지만 연구는 오히려 더 활발해졌다.

끊임없이 돈을
벌어야 하는 이유

베버는 『프로테스탄티즘의 윤리와 자본주의 정신』에서 서양의 근대에 등장한 합리적인 자본주의가 역사상 매우 독특한 것이며, 이 합리적인 자본주의의 기원에는 장거리 무역이나 민족국가의 형성 같은 환경의 변화 이전에 부와 경제에 대한 사람들의 달라진 정신적 태도가 자리 잡고 있다고 주장했다. 그는 프로테스탄트 지역과 가톨릭 지역의 통계를 비교하여 살펴봄으로써 프로테스탄트가 가톨릭교도에 비해 합리적인 자본주의의 등장에 더 크게 공헌했음을 밝히고 두 종교의 차이에 주목했다.

그런데 프로테스탄티즘과 가톨릭의 차이는 단순히 '프로테스탄티즘은 세속적, 가톨릭은 비세속적' 같은 도식으로 설명할 수 없었다. 프로테스탄티즘이 가톨릭보다 더 금욕적이고 비세속적인 면도 있었으며, 프로테스탄트들이 특별히 돈벌이에 매달려야 하는 상황에 처해 있는 것도 아니었다. 베버는 결국 두 종교가 처한 정치적 상황이나 역사적인 변수가 아니라 종교 내적인 차이, 예컨대 교리의 차이 등에서 부와 경제에 대한 정신적 태도의 차이가 생겨난 이유를 찾아야 한다는 결론을 내렸다.

베버는 서양 근대 자본주의의 등장에 중요한 요인이 된 부와 경제에 대한 정신적 태도를 '자본주의 정신'이라고 불렀다. 그는 미국을 여행하는 동안 자본주의 정신이 실제로 어떻게 발현되었는지 관찰할 수 있었다. 그런데 베버는 프로테스탄티즘과 가톨릭의 차이를 본격적으로 탐구하기에 앞서 연구의 대상인 자본주의 정신을 좀 더 정확하게 정의해야 할 필요를 느꼈다.

베버가 야심차게 자본주의 정신이라는 새로운 개념을 내놓기는 했지만, 단어만 봐서는 이 개념이 정확하게 어떤 뜻인지 쉽게 알 수 없었다. 자본주의 정신이라는 말에 대해 사람들이 제각기 다양한 이미지를 그리면서 마음대로 해석할 위험도 있었다. 그러므로 베버는 자신의 연구에서 가장 중요한 개념인 자본주의 정신이 뜻하는 바를 정확하게 밝힌 다음 연구를 시작해야만 했다.

그러나 연구의 서두에서 이 개념을 정확하게 정의하는 것은 불가능한 일이었다. 자본주의 정신이라는 개념이 역사적인 것이기 때문이다. 베버에 따르면 자본주의 정신은 서양의 근대에만 존재했으므로 이 개념을 정확하게 정의하기 위해서는 서양 근대의 수많은 역사적 사례들에서 직접 특징을 뽑아내야만 한다. 결국 개념을 분명하게 설명하려면 연구의 막바지에 사례들의 검토가 끝난 뒤에나 가능하다.

그런데 완벽한 정의까지는 아니더라도 효율적인 연구를 위해서는 최소한 그 개념이 뜻하는 것이 대충 어떤 것인지 보여 줄 필요가 있다. 따라서 베버는 자본주의 정신의 대표적인 사례를 들어 보기로 한다. 프롤로그에서 이미 언급했듯이, 베버는 미국의 아버지라 불리는 프랭클린에게서 자본주의 정신의 전형적인 모습을 발견했다.

"돈은 스스로 끊임없이 돈을 낳는다." 이 말을 잊지 말게. 돈이 돈을 낳아 한 번 심어 둔 돈은 스스로 더 많은 돈으로 몸집을 불리는 법이네. 돈의 액수가 크면 클수록 더욱 많은 돈을 불러들일 것이고 그만큼 이익이 빨리 불어나는 법일세. 종잣돈을 없애는 사람은 새끼를 낳는 어미 돼지를 죽여 앞으로 태어날 수백, 수천 마리의 돼지를 죽이는 것과 같다네.

"신용이 좋은 사람은 다른 사람 지갑의 주인이다." 이 말을 잊지 말게. 약속한 시간에 정확하게 돈을 갚는다고 소문난 사람은 언제든 필요할 때 주위 사람들의 돈을 활용할 수 있다네. 근면과 절약 다음으로 거래할 때의 정확함과 공정함만큼 중요한 것이 없다네. 빌린 돈은 단 한 시간도 더 가지고 있어서는 안 된다는 사실을 명심하게.

신용에 영향을 미치는 것이라면 아주 사소한 행동에도 주의를 기울여야 한다네. 돈을 빌려 준 사람이 밤 9시나 새벽 5시에 자네가 일하는 소리를 듣는다면 마음을 놓을 걸세. 하지만 일하고 있어야 할 시간에 자네가 당구장에 있거나 술집에서 떠드는 모습을 본다면 그는 다음 날에라도 당장 빌려 준 돈을 갚으라고 요구할 걸세.

— 벤자민 프랭클린, 『젊은 상인에게 보내는 편지』

프랭클린은 '시간은 돈이다', '신용은 돈이다', '돈은 스스로 끊임없이 돈을 낳는다', '신용이 좋은 사람은 다른 사람 지갑의 주인이다' 같은 말을 남겼다. 이런 말들은 오늘날 누구나 다 아는 명언이 되었지만 당시에는 상당히 파격적인 말이었다. 중세의 종교적 분위기가 살아 있고, 특히 상류층에서는 귀족적인 품위를 여전히 중시하던 시대에 이런 '상인'의 정신은 천대받기 쉬웠다. 따라서 "미국인이나 할 법한 신앙 고백", "소에게서 기름을 짜내듯이 사람에게서 돈을 짜내라는 소리"라는 식으로 비아냥거리는 사람도 있었다.

이처럼 별로 고매해 보이지 않고 기껏해야 '돈벌레' 같은 욕이나 들을 법한 얘기를 프랭클린은 새로운 시대를 짊어질 후손들에게 가장 큰 교훈으로 진중하게 얘기했다. 그전에도 '개같이 벌어서 정승처럼 쓰자.' 같은 말들은 종종 있었지만 프랭클린의 말은 이런 말과도 전혀 상관이 없었다. 어디에 쓸지 염두에 두지 않고 그저 '돈을 벌고 또 벌고 더욱더 많은 돈을 벌자.'는 얘기이기 때문이다. 그런데 이 얘기는 단순히 구두쇠나 탐욕스러운 사업가의 좌우명에 그치지 않았다.

쾌락을 피하고 욕구를 절제하면서 오직 돈벌이에 충실했던 벤자민 프랭클린. 베버는 그에게서 근대 자본주의의 추진력이 된 자본주의 정신을 보았다.

실제로 여기서는 단순히 처세술이 아니라 독특한 '윤리'가 설교되고 있는 바, 이 윤리를 위반하는 것은 우둔한 짓으로 취급될 뿐만 아니라 일종의 의무 망각으로 취급된다. 바로 이 점이 본질적이다. 프랭클린의 앞의 글이 가르치고 있는 것은 단순히 '영리한 사업술'이 아니다.—그런 것은 다른 곳에서도 빈번히 찾아볼 수 있다.—이 글에서 표현되는 것은 하나의 **에토스**이며, 우리가 관심을 갖는 것도 바로 이러한 특성이다. <u>제1장 문제, 2 자본주의 '정신'</u>

베버는 프랭클린의 글에 나타난 자본주의 정신이 사업가의 단순한 처세술이 아니라 하나의 윤리이며 '에토스'라고 주장한다. 에토스ethos는 사회적인 관습을 뜻하는 고대 그리스어다. 즉 자본주의 정신은 프랭클린이라는 한 괴짜의 독특한 발상이 아니라 한 시대의 사람들이 함께 가지고 있는 정신적 태도, 사회적 관습이라는 것이다. 만약 자본주의 정신이 프랭클린 혼자만의 것으로 남고 사회의 에토스가 되지 못했다면 자본주의는 등장하기 어려웠을 것이다.

자본주의 정신에서 가장 중요한 가치는 '쾌락을 피하고 욕구를 절제하면서 오로지 돈을 버는 것'이다. 돈벌이가 물질적 생활 욕구를 충족하기 위한 수단이 아니라 그 자체로서 삶의 목적이 되어 버린다. 그전에도 더 좋은 일에 쓰기 위해서나 안주하지 않고 계속 모험적으로 살고 싶은 마음에 끊임없이 돈을 벌려는 사업가들이 있긴 했지만, 프랭클린처럼 순수하게 돈벌이 자체를 인생의 의무로 생각한 사람은 찾아보기 어려웠다.

베버는 근대 자본주의의 추진력이 자본주의 정신의 발달에 달려 있다고 보았다. 자본주의 정신의 소유자는 파렴치한 투기업자, 경제적 모험가, 벼락부자와 거리가 멀었다. 자본주의가 막 형성되던 시기에 대부분의 자본가들은 일종의 금욕주의적인 성격을 가지고 있었다. 자신을 위해서는 재산을 조금도 사용하지 않으며, 단지 완벽한 직무 완수를 목표로 했다. 이것은 자본주의 이전의 사람들에게는 도무지 이해하기 어려운 태도였다.

돈을 쓰지는 않고 계속 모으기만 한다는 것은 어쩌면 상당히 비합리적인 태도라고 볼 수도 있다. 돈을 쓰면서 즐거워하는 것이 아니라 그저 쌓기만 하면서 즐거워한다니, 왠지 '변태'가 아닐까 의심스러울 정도다. 실제로 중세 문화를 장악하고 있던 가톨릭교회는 이윤 추구에 대해 결코 좋게 보지 않았다. 지나친 이윤 추구뿐만 아니라 아예 이윤 추구 자체를 못마땅하게 봤다. "낙타가 바늘귀로 들어가는 것이 부자가 하나님의 나라에 들어가는 것보다 쉽다."(「마태복음」 19장 24절, 「마가복음」 10장 25절, 「누가복음」 18장 25절)라는 성경 구절에 충실했다.

그러나 점점 경제가 발전하자 가톨릭교회는 마지못해 어느 정도의 부를 축적하는 것과 적정한 규모의 이자를 받는 것 정도를 허락해 주었다. 15세기에 이미 장거리 무역이 활발히 벌어지고 세계 경제의 최첨단에 서 있던 지중해 일대에서도 돈벌이에 대해 한결 너그러워진 분위기이긴 했지만 기껏해야 '권장할 일도 아니지만 비난할 일도 아니다.' 정도에 그쳤다. 그런데 프랭클린이 살았던 18세기 미국의 시골 마을에서 돈벌이야말로 모든 사람들이 묵묵히 수행해야 할 인생의 가장 중요한 의무라는 얘기가 터져 나온 것이다. 도대체 이러한 변화는 어떻게 벌어진 것일까?

물질적인 변화가 항상 앞서고 사람들의 정신적 태도가 뒤따라서 변한다고 믿는 학자들은 자본주의 경제 발전이 자본주의 정신을 낳았다고 주장할 수 있다. 그러나 베버는 실제 역사에서 벌어진 일들을 거론하며 선후 관계가 완전히 정반대였다고 주장한다. 미국의 경우를 보면 프랭클린의 고향에서 자본주의 정신은 자본주의 경제 발전보다 훨씬 먼저 있었다. 또한 개신교 목사나 신학교 졸업자들이 종교적인 동기에서 세운 식민지들에는 자본주의 정신이 있었지만, 막상 자본가들이 사업 목적으로 세운 식민지들에서는 자본주의 정신을 찾기 힘들었다.

그런데 왜 돈을 끊임없이 불려야만 하는 걸까? 죽을 때까지 써도 다 쓸 수 없을 만큼의 돈을 모으기 위해 애써야만 하는 이유가 과연 뭘까? 이 질문에 대해 정작 본인은 무신론자에 가까웠지만, 프랭클린은 성경에 나오는 솔로몬의 잠언으로 답했다. "네가 자기의 일에 능숙한 사람을 보았느냐. 이러한 사람은 왕 앞에 설 것이요, 천한 자 앞에 서지 아니하리라."(「잠언」 22장 29절) 이 말은 프로테스탄트였던 프랭클린의 아버지가 자주 들려주었던 가르침이었다. 그런데 프랭클린에게 있어서 돈을 열심히 버는 것이야말로 일에 능숙함을 증명하는 유일한 증거였다.

일에 능숙하다는 증거로 돈을 벌고 또 벌어야만 한다는 이 독특한 직업윤리는 그저 참조할 만한 처세술이 아니라 자본주의 사회의 구성원이라면 무조건 받아들여야 하는 사회적 관습이 되었다. 현대의 자본주의 경제 질서는 방대한 우주와 같아서 개인이 혼자 어찌할 수 있는 성격의 것이 아니다. 적응하지 못하는 자는 오로지 배척될 뿐이다. 이제 돈벌이에 최선을 다하는 것은 도덕적으로 간신히 비난받지 않을 만한 일 정도가 아니라 오히려 도덕적으로 반드시 따라야만 하는 명령이 되었다.

현상을 분석하는 연구 도구 '이념형'

'자본주의 정신'은 하나의 이념형(理念型, ideal type)이다. 베버의 연구에서 중요한 역할을 하는 이념형은 현상들을 쉽게 분석하기 위해 만들어 낸 논리적 도구라고 할 수 있다.

이념형은 하나 혹은 몇 가지 관점들을 일면적으로 강조하고, 이렇게 강조된 관점들에 부응하는 일련의 개별 현상들, 즉 곳에 따라 더 많이 또는 더 적게 분산되어 불명료하게 존재하거나 또 어떤 곳에는 전혀 존재하지 않는 개별 현상들을 상호 결합하여 하나의 일관된 사유상思惟象으로 만들어 낸 것이다. 이 사유상은 그 개념적 순수성으로 말미암아 현실 속에서는 발견되지 않는 하나의 '유토피아'이다. 역사적 연구의 과제는, 개개의 경우에 현실이 얼마나 이 이념형에 가까운지 또는 먼지를 확인하는 것이다.

— 「사회과학적, 사회정책적 인식의 객관성」

즉 이념형은 효율적인 연구를 위해 만든 일종의 약속인 셈이다. 베버가 자신의 연구에서 사용하는 '개신교 윤리', '자본주의 정신', '전통주의', '칼뱅주의', '세속적 금욕주의' 같은 말이 모두 이념형이다.

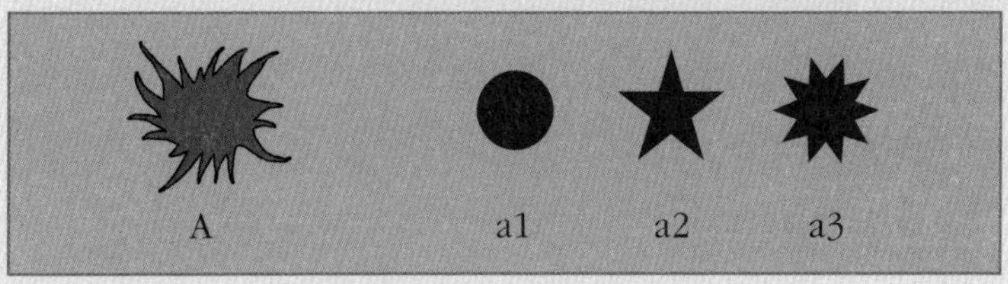

추상적인 관념을 그림으로 그릴 수는 없지만, 설명의 편의를 위해 현실에 실제로 존재하는 현상을 A라고 하자. 굉장히 복잡하고 다양한 성격을 띤 실제 현상을 직접 연구에 이용하는 건 불가능하다. 따라서 가장 중요하다고 여겨지는 특징을 중심으로 적절한 형상을 만들어 연구에 이용할 수밖에 없다. 학자에 따라 a1을 이념형으로 채택할 수도 있고, a2를 이념형으로 삼을 수도 있다. 이념형은 연구를 위해 의도적으로 단순화하거나 과장한 면이 있으므로 실체와 완전히 같을 수는 없다는 사실에 유의해야 한다.

이념형은 연구에 필요한 도구지만 그 자체가 중요한 연구 결과가 되기도 한다. 일단 가장 그럴듯한 이념형으로 연구를 시작하는 것도 중요하지만 연구의 결과에 이르러서는 그 이념형을 실체에 훨씬 더 가까운 모습으로 정확하게 그려 내야 하기 때문이다. 즉 a1이나 a2로 연구를 시작한 사람이 연구의 결론에서는 a3 같은 형태로 실제 현상과 좀 더 비슷하게 이념형을 가다듬을 수 있다.

베버는 『프로테스탄티즘의 윤리와 자본주의 정신』의 서두에서 자본주의 정신이라는 이념형의 가장 중요한 특징이 흔히 생각하는 것처럼 영리욕이나 물질욕이 아니라 오히려 금욕주의에 가까운 것임을 가설로 제시하며 연구를 시작한다. 그리고 역사적 사례들을 충분히 검토한 후에 연구의 말미에 이르러 자본주의 정신을 좀 더 구체적이고 정확한 모습으로 다시 정의 내리고 그러한 정신이 어디에서 비롯되었는지 설명한다.

자본주의 정신과
전통주의의 대결

이처럼 독특하고 얼핏 비합리적으로 보이기도 하는 자본주의 정신이 어떻게 세상에 뿌리를 내리고 모든 사람들의 운명을 좌우하는 사회적 관습이 될 수 있었을까? 이미 베버의 시대에는 자본주의가 상당히 발달하여 프랭클린식의 직업윤리가 어느 정도 당연시되던 분위기였다. 그러나 자본주의 초기에는 그렇지 않았다. 새롭게 등장한 자본주의 정신은 베버가 '전통주의'라고 부른 기존의 사회적 관습과 맞서 싸워야 했다.

묵묵히 일만 하는 프랭클린을 이해하지 못한 대부분의 인쇄공들, 그날 벌어 그날 먹고살며 일을 마친 후 맥주만 실컷 마실 수 있으면 더 바랄 게 없는 사람들이 바로 전통주의를 대표하는 사람들이었다. 이들은 가급적이면 일을 덜 하려고 머리를 굴리고 필요한 만큼만 돈을 벌려고 했다. 이처럼 전통주의에 물든 사람들만 있어서는 결코 근대적인 자본주의가 발달할 수 없었다.

전통주의가 지배적이었던 과거에는 일을 알아서 열심히 하는 노동자를 찾기가 정말 어려웠다. 프랭클린 같은 노동자는 정말 만 명에 한 명 있을까 말까 했고, 맥주를 퍼마시며 어떻게 하면 일을 덜할까 궁리하는 노동자들이 대부분이었다. 따라서 자본가는 노동자에게 일을 더 많이 시키기 위해 여러 가지 노력을 기울였다.

대표적인 것이 '성과급'이다. 더 열심히 일하는 사람에게 월급을 더 많이 주면 경쟁을 촉발할 수 있다. 그런데 성과급이 처음부터 효력이 있었던 것은 아니다. 전통주의를 벗어나지 못한 사람들에게 성과급을 주면 도리어 일을 적게 한다. 필요한 만큼만 버는 것이 목표이므로 수입이 적당히 채워지면 아예 더 이상 일을 안 하기 때문이다. 근대 자본주의는 이처럼 전통주의적인 관습과 끊임없이 마찰을 빚었다.

따라서 자본가는 오히려 보수를 깎아서 더 많은 노동을 유도하는 방법을 고안해 냈다. 먹고살기에 빠듯할 만큼만 임금을 주면 어떻게든 더 벌려고 일을 많이 하게 될 것이기 때문이다. 실제로 '사람은 가난한 동안에만 가난 때문에 억지로 일을 한다.'는 믿음이 몇 세기 동안 널리 퍼져 있었다. 그러나 이 방법에도 한계가 있다. 사람이 어느 정도 의욕이 있어야 일을 할 수 있는데 지나친 저임금은 아예 의욕을 꺾어 버릴 수 있다. 또한 자본주의의 질적인 향상을 위해서는 일을 잘하고 책임감이 강한 노동자가 필요한데, 이것은 단지 고임금이나 저임금 같은 단순한 방법으로 쉽게 해결할 수 있는 문제가 아니었다.

합리적인 자본주의가 발전하기 위해서는 누가 강제로 시키지 않아도 일에 대한 사명감을 가지고 성실히 일하는 노동자가 반드시 필요했다. 이러한 직업윤리는 민족성 같은 것으로도 설명할 수 없다. 예를 들어 영국인은 부지런하고 일을 잘하는 반면, 독일인은 게으르다 같은 식으로 설명해서는 안 된다. 베버는 민족성에 대한 잘못된 편견에 반대하며 노동자의 직업윤리는 오로지 '교육'에 의해서만 형성될 수 있다고 주장했다.

베버가 살았던 19세기 말 독일에서도 전통주의적인 노동자의 모습은 부녀 노동자, 특히 결혼을 하지 않은 처녀들에게서 여전히 발견할 수 있었다. 이들에게는 성과급이고 뭐고 전혀 먹혀들지 않았다. 요즘 사람들이 본다면 취미 생활 하는 줄 알 정도로 매우 한가롭게 일했다. 그런데 이상하게도 프로테스탄트 지역의 처녀들은 다른 성향을 보였다. 프로테스탄트 교육을 받은 노동자들은 누가 시키지 않아도 알아서 열심히 일하는 독특한 노동 의욕 때문에 다른 노동자들에게 미움을 사고 왕따를 당할 정도였다. 이러한 사실에서도 프로테스탄티즘과 자본주의 정신에 어떤 연관성이 있음을 짐작해 볼 수 있다.

그렇다면 노동자가 아닌 자본가의 경우는 어떨까? 근대적 자본가의 등장과 관련해서는 베버의 친가 쪽에서도 쉽게 예를 찾아볼 수 있다. 베버의 친가는 대대로 아마포 사업을 했다. 독실한 프로테스탄트였기에 가톨릭 도시에서 쫓겨나 프로테스탄트 지역으로 이주한 베버의 조상은 새로운 고향에서 아마포 사업을 크게 일으켰다. 증조할아버지가 '베버, 레아, 니만 상회'라는 회사의 공동 설립자였으며 할아버지가 이 사업을 물려받았다. 그러나 할아버지 때만 해도 아마포 사업은 전통주의적이고 그다지 경쟁이 심하지 않았다. 사업은 그저 여유롭고 쾌적한 생활을 위한 수단이었다.

베버의 할아버지는 한창 일할 나이인 40대에도 매우 한가로운 나날을 보냈다. 그는 전통주의 에토스에 따라 일하는 사람이었다. 아침 6시에 일어나 몇 시간 동안 넓은 정원을 손질하고, 정원에서 일하고 있는 여자들과 한가롭게 농담을 하거나 재미있는 책을 읽으며 시간을 보내다가, 오전 11시가 넘어서야 어슬렁어슬렁 가게에 나갔다. 저녁에는 술집에 가서 고급 포도주를 한 병씩 마셨다.

그러나 베버의 큰아버지가 사업을 물려받았을 때는 상황이 아주 달라졌다. 큰아버지는 하루 종일 일하며 이곳저곳 바쁘게 뛰어다녔다. 다른 가게의 직조공들이 짠 아마포까지 사들이고 새로운 고객들에게 팔았다. 고향에만 머물지 않고 베를린에서 뮌헨, 슈투트가르트까지 거래처를 넓혔으며 만년에는 직접 큰 공장을 세우기까지 했다. 베버는 할아버지와 큰아버지의 차이에서 근대적인 자본가의 특성을 발견할 수 있었다.

치열한 경쟁이 시작되면서 목가적 풍경은 붕괴되었고 거액의 재산이 축적되었는데, 이는 이자를 위한 목적으로 굴리지 않고 계속해 사업에 투자되었다. 또한 쾌적하고 안락한 옛 생활 방식은 엄혹한 냉정함으로 바뀌었다. 즉 합리화 과정에 참여해 성공한 사람들의 경우는 쓰지 않고 벌기만을 **원했기** 때문에, 그리고 낡은 방식을 고수한 사람들의 경우는 절제할 **수밖에 없었기** 때문에 그렇게 되었던 것이다. 그런데―이 점이 무엇보다 중요하다.―그와 같은 경우에 일반적으로 이러한 변혁을 야기한 것은 가령 새로운 **화폐**의 유입이 **아니라**―내가 알고 있는 많은 경우에 친척들로부터 차입한 몇 천 마르크 안 되는 자본으로도 그러한 혁명의 모든 과정이 이루어졌다.―오히려 새로운 **정신**, 즉 '근대 자본주의 정신' 의 도래였다.

제1장 문제, 2 자본주의 '정신'

결국 노동자에게나 자본가에게나 근대 자본주의의 등장에 필요한 것은 자본주의 정신이라는 독특한 에토스였다. 그런데 자본주의 정신과 전통주의의 차이는 결코 돈에 대한 욕심의 차이에 있지 않았다. 프랭클린은 돈벌이에 혈안이 되어 있었고 다른 인쇄공들은 돈에 대한 욕심이 별로 없는 소박한 사람이었던 것이 결코 아니다. 돈에 대한 욕심은 시대와 장소를 막론하고 같다. 근대적인 자본가보다 오히려 고대 중국 관리나 로마의 귀족, 중세의 해적선장들이 돈에 대한 욕심은 훨씬 더 강했을 것이다.

베버의 친구였던 좀바르트를 비롯하여 자본주의 정신에 프로테스탄티즘이 미친 영향을 인정하지 않은 몇몇 경제학자들은 근대 자본주의를 낳은 정신적 원동력을 단순히 '경제적 합리주의'라고 표현하기도 했다. 생산성을 높여서 생활을 훨씬 더 낫게 개선하려는 욕구가 자본주의 경제 발전에 중요하게 작용했다는 것이다. 물론 생활을 개선하려는 노력이 일자리의 증대, 인구 증가, 도시의 번영으로 이어졌다고 볼 수 있다. 비합리적인 투기를 근절하고 정확한 회계 등을 통해 이윤을 최대한 늘리는 것이 자본주의의 중요한 특징임은 분명하다.

그러나 단순히 합리주의라는 말 한마디로 설명하기에는 상황이 매우 복잡하다. 과연 직업을 의무로 여기고 무조건적으로 헌신하게 된 정신적 배경이 경제적 합리주의라고 단언할 수 있을까? 느긋하게 일하면서 신나게 맥주를 마신 인쇄공과 술도 안 마시고 고기도 안 먹는 금욕주의자면서 돈을 끊임없이 불리고 축적하기만 한 프랭클린 중에 과연 누가 더 합리적일까? 프랭클린의 태도가 오히려 기괴하고 비합리적이라고 얘기할 수도 있지 않을까?

베버가 보기에 직업에 충실하다는 증표로서 돈벌이에 힘쓰는 것은 단순히 경제적 합리주의의 발달로 설명할 수 있는 것이 아니었다. 자본주의가 막 싹틀 무렵, 자본가에게나 노동자에게나 모든 쾌락을 억제하면서 더욱더 많은 돈을 벌어들이는 일은 그저 더 나은 생활을 위한 개선 방안이 아니라 종교적 의무에 가까웠던 것이다.

따라서 베버는 자본주의 정신을 단순히 경제적 합리화의 한 결과로
만 볼 수는 없으며, 프로테스탄티즘의 특수한 교리와 분명히 어떤
연관성이 있다고 보았다.

5
역사의 아이러니,
서구 근대 자본주의

역사의 아이러니,
서구 근대 자본주의

서구 근대 자본주의가 등장하는 데는 쾌락을 최대한 억제하면서

열심히 돈을 벌기만 하는 독특한 정신적 태도가 큰 역할을 했다.

베버는 이러한 정신적 태도를 '자본주의 정신'이라고 불렀다.

그런데 목적과 수단이 뒤바뀌어 있고 비합리적으로 보이기도 하는 자본주의 정신이

어떻게 세상에 등장하여 보편적인 사회적 관습으로 뿌리내릴 수 있었을까?

『프로테스탄티즘의 윤리와 자본주의 정신』에서

베버가 진정 묻고 싶었던 질문은 바로 이것이었다.

베버는 서구 근대 자본주의의 등장에

자본주의 정신이 중요한 작용을 했다는 역사적 사실을 증명한 뒤,

이제 마지막으로 자본주의 정신이 어떻게 탄생했는지 밝히려고 한다.

그는 자본주의 정신과 프로테스탄티즘 사이에 특별한 관계가 있음을 간파하고

종교개혁 이후 발달한 프로테스탄트 종파들에서 자본주의 정신의 발화점을 찾았다.

전통주의적인
루터

　자본주의 정신은 과연 어떤 배경에서 등장할 수 있었을까? 만약 종교개혁에서 연관성을 찾는다면 당연히 루터에서 시작해야 할 것이다. 종교개혁이 가장 먼저 시작된 독일에서 ‘직업’이라는 단어는 ‘Beruf’인데 이 단어에 이미 ‘천직天職’, 즉 ‘신으로부터 받은 의무’라는 종교적 의미가 담겨 있다. 우리말로 ‘소명召命’으로 번역되는 영어의 ‘calling’도 마찬가지다. 그런데 신기하게도 가톨릭 지역이나 프로테스탄티즘이 전파되지 않은 곳에서는 이러한 표현을 찾기 힘들다. 직업에 종교적 표현을 부여하는 것은 오로지 프로테스탄티즘을 받아들인 지역의 특성이다.

　이러한 차이가 생겨난 것은 루터 때문이었다. 루터가 『집회서』(‘시락서’라고도 하며 가톨릭에서는 제2정경으로 인정되나 프로테스탄티즘에서는 외경으로 취급함.) 11장 20절과 21절을 독일어로 번역할 때, 처음으로 직업에 종교적 의미를 부여했다.

　　20절: 네가 맺은 계약에 따라 성실히 살고 네가 맡은 일을 하면서 늙어라.

　　21절: 악인의 성공을 부러워 말라. 주를 믿고 네 일에 힘써라. 가난한 사람을 삽시간에 부자로 만드는 것은 주님에게는 아주 쉬운 일이다.

여기서 '네가 맡은 일', '네 일'을 '천직Beruf'으로 번역하여 종교적 의미를 부여한 것은 전적으로 루터의 생각이었다. 즉 성경 자체에 직업이 곧 신을 위한 의무라는 사상이 들어 있다기보다 루터가 성경을 번역하는 과정에서 그런 생각이 들어가게 된 것이다. 이러한 생각은 루터 이전에는 찾아보기 어려웠던 것이며 종교개혁의 독창적인 산물이었다.

'천직' 개념에는 프로테스탄티즘의 핵심 교리가 깃들어 있다. 프로테스탄티즘에서 진정한 신앙은 가톨릭 수도사들처럼 수도원에 갇혀 기도만 하는 것이 아니라 세상의 한복판에서 자신의 직업에 충실한 것이라고 보았다. 사실 루터도 처음에는 돈벌이를 위한 노동에 대해, 신앙과는 상관없지만 밥을 먹어야만 살 수 있으니 어쩔 수 없이 해야 하는 일 정도로만 여겼다. 그러나 가톨릭과 대립하면서 점점 직업의 중요성을 깨달았다. 수도사로 사는 것은 오히려 매

우 이기적인 일이고 속세에서 자신에게 부여된 직업에 충실한 것이
가장 종교적이고 도덕적인 실천이라고 생각했다.

그러나 베버는 루터가 자본주의 정신과 그다지 관계가 없다고 보
았다. 루터의 생각은 자본주의 정신과 비슷한 점이 별로 없었다. 만
약 루터를 비롯하여 루터파 종교 개혁가들이 프랭클린의 글을 읽었
다면 매우 혐오했을 것이다. 베버가 보기에 자본주의 등장에 있어
서 루터파가 직접적으로 미친 영향은 거의 없었다. 단지 가톨릭과
달리 속세의 노동에 대해 종교적 가치를 좀 더 부여했을 뿐이다.

종교개혁 자체의 업적은 우선 가톨릭의 견해와 대조적으로 직업적
으로 조직화된 세속적 노동에 대한 도덕적 강조와 종교적 **보상**을 크
게 증가시켰다는 것에 불과하다. 제1장 문제, 3 루터의 직업 개념: 연구 과제

루터의 직업 개념은 획기적인 것이었으나 여전히 전통주의의 테
두리 안에 갇혀 있었다. 그가 보기에 사람이 필요 이상으로 물질을
추구하는 것은 신의 은총을 받지 못했다는 증거였다. 게다가 과도
하게 이익을 추구하는 것은 필연적으로 다른 사람들에게 피해를 주
는 일이기도 했다. 따라서 신의 명령인 직업을 충실히 수행하되, 과
도하게 사업을 확장하거나 이익을 불리려고 노력해서는 안 되었다.
신에게 무조건 복종해야 한다는 루터의 강박 관념은 '개인이 현재
처한 위치는 신의 뜻에 따른 것이다.' 라는 보수적인 사고와 연결되

었다. 특히 농민 전쟁에 진땀을 뺀 이후로는 더더욱 주어진 환경에 무조건 머물러야 한다는 생각이 굳어졌다.

그러므로 베버는 루터파보다 자본주의와 직접적으로 연관되는 다른 프로테스탄트 종파를 살펴봐야 한다고 생각했다. 루터파보다 종교와 세속적인 경제 활동의 관계를 좀 더 적극적으로 연결시킨 대표적인 종파는 칼뱅파였다. 칼뱅에서 비롯되어 칼뱅파가 발달시킨 사상을 일컫는 '칼뱅주의'라는 말이 가톨릭 지역에서는 욕으로 쓰일 정도로, 가톨릭은 루터보다 칼뱅을 진정한 적으로 여겼다. 같은 프로테스탄티즘에 속하는 루터파마저도 칼뱅파를 경멸할 정도였다.

가톨릭과 루터파가 칼뱅주의를 혐오한 이유는 단지 종교권력을 둘러싼 경쟁 때문만이 아니었다. 칼뱅주의에는 종교와 경제 활동에 대해서 가톨릭뿐만 아니라 다른 프로테스탄트 종파에서도 찾기 어려운 독특한 관점이 있었다. 칼뱅주의는 칼뱅이 주로 활동했던 스위스에서 유럽 전역으로 퍼져 나가 독일과 네덜란드의 개혁파, 프랑스의 위그노, 영국의 청교도들이 모두 칼뱅파로 분류되었다. 17세기에 칼뱅파에 속하는 이들 종파들은 가톨릭뿐만 아니라 다른 프로테스탄트 세력들과 비교해도 현세 지향적인 성격이 훨씬 강한 편이었다.

성경은 인간의 역사가 에덴동산이라는 낙원에서 추방당하는 사건에서 시작된다고 얘기한다. 따라서 가톨릭에서는 죽어서 천국에

현세 지향적인 칼뱅주의의 입장에서 낙원 추방 사건을 그린 밀턴의 『실낙원』의 한 장면. 천사 라파엘이 아담과 하와에게 사탄의 반역과 천지 창조의 전말을 이야기하고 있다. 귀스타브 도레, 1866.

가는 것이 죄를 씻고 낙원으로 돌아가는 것이라고 가르친다. 그러나 칼뱅주의는 낙원 추방을 조금 다르게 설명한다. 유명한 시인이자 열렬한 칼뱅주의 신자였던 밀턴(John Milton, 1608~1674)이 쓴 서사시 『실낙원失樂園』을 보면, 낙원에서 추방된 아담과 하와가 '자기도 모르게 눈물이 흘렀으나 곧 뺨을 닦고' 강인하게 걸어 나간다. 그리고 천사는 두 사람에게 세상에 나아가 열심히 노력한다면 '더욱더 행복한 낙원'을 가질 수 있을 것이라고 예언한다. 내세만큼 현세를 긍정하는 이와 같은 사고방식은 중세에는 불가능했다.

그러나 아무리 현세 지향적이라고 해도 가톨릭이나 루터파에 비해서 그렇다는 것이다. 세상에 어떤 종교 개혁가도 자본주의를 찬양하고 돈벌이에 몰두하라고 노골적으로 가르친 적은 없다. 프랭클린의 글에서처럼 칼뱅의 설교에서 자본주의 정신이 직접 드러나기를 바란다면 터무니없는 기대일 것이다. 종교개혁의 결과는 거의 대부분 종교 개혁가들조차 예상하지 못했던 것이고, 어떤 면에서는 기대했던 것과 정반대의 결과를 낳기도 했다.

그러므로 베버는 루터나 칼뱅 같은 종교개혁 선구자의 글에서 자본주의 정신의 단초를 발견하는 것은 불가능하다고 보았다. 다만 루터주의, 칼뱅주의같이 종교개혁 이후 발달된 사상과 각 종파의 종교적 실천에서 자본주의 정신의 토대가 되는 윤리를 발견할 수 있다고 기대했다.

베버는 결코 자본주의 정신이 종교개혁에서 곧바로 탄생했다거나 종교개혁의 성공이 자본주의의 발전으로 이어졌다는 식으로 주장하지 않는다. 역사적 사실을 보면 종교개혁 이전에도 분명 자본주의적인 기업이 일부 존재했다. 그는 종교개혁에서 자본주의 등장의 모든 이유를 찾는 것은 어리석은 일이라고 못 박는다. 다만 자본주의 정신이 사회 전반에 널리 퍼지고 사람들의 몸에 배게 된 것에 종교개혁의 어떤 부분이 일정 정도 영향을 미치지 않았을까 의심하는 것뿐이다.

또한 실제로 영향을 미쳤다는 결론이 나오더라도 그 규모와 정도에 대해서는 다시 꼼꼼하게 따져 봐야만 한다. 베버는 『프로테스탄

티즘의 윤리와 자본주의 정신』에서 이러한 작업을 모두 수행할 수
는 없으며 단지 특정 프로테스탄트 종파의 종교적 신앙과 자본주의
정신 사이에 어떤 '선택적 친화력elective affinity'이 작용하는지 정
도를 탐구하는 것에 그칠 수밖에 없다고 연구의 목적을 분명히 제
한한다.

선택적 친화력

『선택적 친화력』이라는 소설로 베버에 영향을 준 괴테.

'선택적 친화력'을 뜻하는 독일어 'Wahlver-wandtschaft'는 원래 화학 용어로서 두 원소가 친화력으로 인해 서로 결합하여 새로운 화합물을 만들어 내는 현상을 말한다.

독일의 대문호 괴테는 1809년에 출간한 『선택적 친화력*Die Wahlverwandtschaften*』이라는 연애 소설에서 남녀 간의 애정 관계를 선택적 친화력의 작용에 빗대었다.

괴테를 존경했던 베버는 이 개념을 사회과학 연구에 가져왔다. 보통 수많은 역사적 사례들은 매우 복잡하고 다양한 관계를 맺고 있기 때문에 무엇이 원인이고 무엇이 결과인지 단정 지을 수 없다. 한쪽이 다른 쪽의 원인이면서 동시에 결과가 될 수도 있고 서로 영향을 주고받으면서 둘 다 다른 모습으로 바뀌는 관계일 수도 있다. 베버는 자신의 연구를 '자본주의 정신이 자본주의를 낳았다.'거나 '자본주의 정신은 프로테스탄티즘에서 탄생했다.'는 식의 단순한 인과 관계로 사람들이 오해하는 것을 막기 위해 '둘 사이에는 어떤 선택적 친화력이 존재한다.'라는 표현을 신중하게 선택했다.

수도원 밖으로
나온 금욕주의

종교개혁의 대명사라고 할 수 있는 루터에게서 여전히 전통주의적인 성향만 확인했고 루터의 뒤를 따른 루터파의 교리에서도 특별한 변화를 찾아볼 수 없었던 베버는 칼뱅주의를 비롯한 다른 프로테스탄트 종파들의 교리를 살펴보기로 한다.

칼뱅주의는 16~17세기에 자본주의가 가장 발달한 국가였던 네덜란드, 영국, 프랑스에서 종교적, 정치적 투쟁의 중심에 있었다. 따라서 베버는 여러 종파 가운데 칼뱅파의 교리인 칼뱅주의부터 살펴본다. 즉 칼뱅 본인의 교리가 아니라 17세기 칼뱅주의자들이 발전시킨 교리가 연구의 주요 대상이다.

칼뱅주의에서 가장 중요한 교리 중 하나는 '예정설豫定說'이다. 예정설의 중심 내용은 인간이 어떤 행동이나 노력을 통해 하나님의 구원을 받는 것이 아니라 구원될 사람은 하나님이 자신의 의지로 이미 정해 놓았다는 것이다. 이것은 이웃 사랑 같은 선행을 통해 천국에 갈 수 있다는 가톨릭의 교리와 정면으로 배치된다.

예정설이 칼뱅주의의 본질에 속하는가에 대해서는 이견이 있을 수 있지만, 역사적으로 칼뱅주의로 인해 홍역을 치른 국가들에서 가장 큰 쟁점이 되었던 것은 항상 예정설이었다. 예정설 때문에 칼뱅주의는 국가에 위험하게 비쳐져 정부의 공격을 받았다. 17세기에는 수많은 종교회의에서 예정설을 표준 교리로 채택할 것인가의 문제가 핵심 의제였으며, 18~19세기에는 예정설에 대한 의견 차이 때문에 교회들이 분열될 정도였다. 따라서 베버는 칼뱅주의의 다른 교리보다 예정설을 주의 깊게 살펴본다.

하나님의 구원은 순수한 은총과 사랑에서 비롯되며 피조물인 인간의 신앙이나 선행이 구원의 조건이 될 수 없다는 생각은 루터 이래 프로테스탄트 종파들이 대부분 공유하고 있는 생각이었다. 그러나 이러한 교리는 종교개혁을 성공시키는 데 상당한 걸림돌이 되기도 했다. 『실낙원』을 쓴 밀턴조차 "이렇게 잔인한 신이라면 존경하기 어렵다."라고 한탄할 정도였다. 루터파 종교 지도자들은 이 교리가 너무 어둡고 위험하다고 생각해서 표준 교리로 채택하기를 망설였다. 현실적으로 더 많은 신도를 모으기 위해서는 은총을 상실했다가도 참회하고 노력하면 다시 되찾을 수 있다는 믿음을 주는 것이 유리했다.

그러나 칼뱅은 완고한 입장이었다. 그는 '신이 인간을 위해 있는 것이 아니라 인간이 신을 위해 있다.' 는 프로테스탄티즘의 기본 전제에 충실했다. 다른 프로테스탄트 종파들과 경쟁하면서 칼뱅은 사상적으로 더욱 철저해지려고 했다. "속세의 '정의'로 신의 지고한 섭리를 측정하는 것은 무의미할 뿐만 아니라 신의 위엄을 침범하는 것이다."라고 말하며 인간의 운명은 오로지 '신의 결정'에 달려 있다고 주장했다. 신의 선택을 받지 못한 사람이 "아무리 착하게 살아도 안 되는 것인가요?" 울부짖어도 소용이 없다. 칼뱅에 따르면 이는 짐승이 인간으로 태어나지 못했다고 불평하는 것과 마찬가지였다.

이처럼 엄격하고 단호한 예정설로 인해 칼뱅주의 신도들은 독특한 감정을 갖게 되었다. 그것은 '고독'이었다. 그들은 하나님이 미리 정해 놓은 운명을 향해 홀로 묵묵히 길을 걸을 수밖에 없는 느낌에 사로잡혔다. 아무도, 아무것도 선택받지 못한 사람을 도와줄 수 없다. 뛰어난 종교 지도자나 교회는 물론이요, 신조차도 도움이 안 된다. 예수가 십자가에 못 박힌 사건도 전 인류를 위한 희생이 아니라 오직 선택된 자들을 위한 속죄였다. 따라서 칼뱅주의 신도들이 느낀 고독, 내적인 고립감은 역사에서 전례를 찾아볼 수 없는 강력한 것이었다.

고대 유대교의 예언과 더불어 시작되고 헬레니즘의 과학적 사고와 결합되어 모든 **주술적** 구원 추구 수단을 미신과 독신瀆神이라고 비난했던 저 위대한 종교사적 과정, 즉 세계의 **탈주술화** 과정이 여기에서 완결되었다. 진정한 청교도들은 심지어 장례식에서도 일체의 종교적 의식의 흔적을 배척했고 노래도 예식도 없이 가까운 사람의 장례를 치렀는데, 이는 어디까지나 그 어떠한 종류의 '미신', 즉 주술적·성례전적 방식의 구원 효과에 대한 그 어떠한 신뢰심도 생겨나지 않게 하기 위해서였다. 신이 은총을 거부하기로 결정한 자에게 다시 그 은총을 얻게 해 주는 주술적 수단이란 존재하지 않았을 뿐만 아니라, 아예 수단이라는 것 자체가 존재할 수 없었다.

제2장 금욕적 프로테스탄티즘의 직업윤리, 1 세속적 금욕주의의 종교적 토대

가톨릭 사제는 신도들에게 죄를 사해 주고 구원의 희망을 심어 주는 마술사와 같은 역할을 했다. 그러나 칼뱅주의 신도들은 무엇에 의해서도 위안받을 수 없었다. 회개, 속죄, 기복祈福이 모두 불가능했다. 칼뱅주의에서는 모든 마술적이고 신비한 것들은 물론 성찬식과 세례식 같은 거룩한 성사도 거부하고 '합리적이고 객관적인' 신앙을 추구했다. 신도들은 가톨릭의 화려하고 감각적인 문화를 혐오하도록 교육받았다.

그렇다면 가톨릭이나 프로테스탄티즘이 똑같이 중요한 덕목으로 가르치는 이웃 사랑은 어떻게 해야 하는가? 칼뱅주의에서는 행위의 동기와 결과에 대해 가톨릭과 정반대 입장을 취했다. 이웃을 사랑하는 사람이 하나님의 구원을 받는 것이 아니라 하나님의 구원이

예정되어 있는 사람이 이웃을 사랑하기 마련이라는 것이다. 마찬가지로 구원을 위해서 교회에 나가는 것이 아니라 구원이 예정된 사람들이 보통 교회에 나간다. 즉 선택된 프로테스탄트는 애초에 하나님의 뜻에 맞게 살도록 정해져 있다.

결국 예정설에서 가장 중요한 질문은 '나는 선택되었는가?' 이다. 그런데 하나님에게 선택이 되었는지 안 되었는지 어떻게 알 수 있을까? 칼뱅에게는 이것이 전혀 문제가 되지 않았다. 그는 인간이 신의 선택 여부를 결코 알 수 없다고 보았다. 이를 알려고 한다면 주제넘은 짓이 될 뿐이다. 인간의 기준과 신의 기준은 엄연히 다르므로 현세에서 그 누구도 선택된 자와 버림받은 자를 구분할 수 없다.

그러나 '신의 뜻을 인간이 어찌 알겠어요.' 한마디로 끝날 문제가 아니었다. 칼뱅 같은 종교 지도자들은 아무 증거 없이도 스스로 자신이 확실히 선택되었다고 믿었지만 일반 신도들은 그런 확신을 갖지 못했다. 신도들은 끊임없이 자신의 구원 여부를 알 수 있는지, 어떻게 구원을 확신할 수 있는지 물었다. 칼뱅은 "신앙이 곧 증거입니다."라고 설명했지만 그 정도로는 신도들의 끝없는 질문에 대한 대답이 되지 못했다.

칼뱅주의 종교 지도자들 역시 교회를 이끌면서 구원의 표지에 대해 계속 질문을 받았다. 결국 그들은 두 가지 대답을 마련했다.

첫째, 칼뱅주의 신도는 일단 무조건 자신을 선택된 자로 여겨야

했다. 선택을 의심하는 것이야말로 은총이 불충분한 결과이기 때문
이다. 따라서 루터파 신도들이 하나님 앞에서 늘 죄를 회개하고 참
회하는 '죄인'이었던 반면, 칼뱅주의 신도들은 '자신감 넘치는 성
도'가 되었다.

　둘째, 칼뱅주의 신도는 자기 직업에 충실해야만 했다. 칼뱅주의
는 부단한 직업 노동이야말로 구원을 확신하기 위한 가장 탁월한
수단이라고 가르쳤다. 성실한 노동만이 의심을 씻어 버리고 구원의
확실성을 제공한다는 것이다. 구원을 얻는 수단 같은 것은 전혀 없
지만 구원에 대한 의혹을 씻어 주는 수단은 있을 수 있는데, 그것이
바로 충실한 직업 노동이었다.

　중세 가톨릭교회는 수도원에서의 삶을 하나님을 위한 아름다운
삶으로 칭송했고, 수도원 밖의 세상을 죄악에 물든 땅으로 묘사했
다. 그러나 프로테스탄티즘에서 이러한 구분은 사라졌다. 다만 선
택받은 자와 선택받지 못한 자가 있을 뿐이다. 선택받은 신자는 어
디에 있든, 어떤 일을 하든 매일 매순간 하나님의 영광을 위해 살아
가야 한다. 특히 칼뱅주의는 가장 철저하게 세상 모든 활동에 대해
종교적인 가치를 부여하고 윤리적인 지침을 마련했다.

　그러므로 칼뱅주의 신도들은 수도원에 굳이 들어가지 않더라도
수도사 같은 삶을 살아야만 했다. 수도사가 엄격히 지키던 금욕적
생활을 속세에서 그대로 해야 했다. 모든 일은 하나님의 영광을 위
한 일이므로 시간을 헛되이 낭비하면 안 되고 게으르게 살아도 안

된다. 사치해서도 안 된다. 가톨릭처럼 고해성사나 면벌부같이 죄를 씻고 만회할 기회가 전혀 주어지지 않기 때문에 매순간 완벽을 기해야만 한다.

칼뱅주의에서는 이렇게 신앙과 윤리가 결합되었다. 베버가 '프로테스탄티즘의 윤리'라는 말을 쓴 것은 프로테스탄티즘의 종교적 가치가 이처럼 일상생활의 윤리와 결합되었기 때문이다. 종교적인 금욕주의가 수도원에서의 고행이 아닌 세속적인 직업 활동에 적용되었다. 루터가 종교개혁의 성공을 위해 가톨릭과 적당히 타협하거나 모호하게 넘어간 부분들이 칼뱅에 이르러 체계적으로 정리되었다. 칼뱅주의는 루터파가 혀를 내두를 정도로 철저하게 가톨릭과 결별했다.

사실 금욕주의는 가톨릭뿐만 아니라 불교, 이슬람교, 힌두교 등 대부분의 종교에서 찾아볼 수 있는데, 세속적인 욕망을 억누름으로써 타락하고 더럽혀진 속세와 최대한 거리를 두고 고결한 신의 세계와 조금이라도 가까워지려는 태도라고 할 수 있다. 그런데 칼뱅주의는 원래 비세속적일 수밖에 없는 금욕주의를 속세로 끌고 나왔다. 따라서 베버는 이러한 금욕주의를, 모순된 표현이긴 하지만 '세속적 금욕주의'라고 부를 수밖에 없었다.

칼뱅주의뿐만 아니라 다른 프로테스탄트 종파들에서도 금욕주의는 수도원 밖으로 나와 일상생활의 윤리 지침이 되었다. 그런데 베버는 세속적 금욕주의가 철저하게 행해진 정도에 있어서 다른 종파들은 칼뱅주의에 미치지 못한다고 보았다.

예를 들어, '경건주의Pietism'라 불리는 종파의 경우 칼뱅주의와 마찬가지로 예정설을 받아들이긴 했지만 가톨릭의 전통을 어느 정도 유지하면서 현세에서도 신의 축복을 받은 기분, 숭고하고 아름다운 감정을 느끼고 싶어 했다. 내세의 구원을 위해 현세에서의 쾌락을 포기하고 금욕적인 생활에 몰두한 칼뱅주의자들에 비해서 경건주의자들은 현세에서도 나름의 즐거움을 얻기를 바랐다.

영국과 미국에서 발달한 '감리교Methodism' 역시 칼뱅주의만큼 철저하지 못했고 경건주의와 마찬가지로 종교적인 감정을 중시했다. 신의 뜻을 인간이 깨닫거나 느끼는 것은 불가능하다고 단언한 칼뱅주의와 달리 경건주의나 감리교에서는 신앙심이 깊은 신도가 자신이 선택되었다고 느꼈다면 구원을 확신할 만하다고 여겼다. 또한 선행을 통해 은총을 받을 수 있는 여지도 어느 정도 남겨 두었다.

'침례교Baptist'는 교회라기보다는 종교적 공동체라고 할 만한 종파였는데, 경건주의나 감리교에 비해서 엄격하게 교리를 적용하는 편이었다. 침례교 역시 칼뱅주의와 마찬가지로 인간이 하나님에게 구원받기 위해 할 수 있는 일은 아무것도 없다고 보았다. 그런데 지나치게 종교적으로 순수해지려고 노력했기에, 생활을 유지하는 데 꼭 필요한 것 이상으로는 재산을 아예 가지려고 하지 않았다. 탈세속적인 삶을 추구했기에 무기를 사용해서도 안 되고 관직에 진출

 근대인의 탄생 프로테스탄티즘의 윤리와 자본주의 정신

할 수도 없었다.

　가톨릭이 장악하고 있던 중세에 금욕주의는 수도원 안에 갇혀 있었다. 칼뱅주의, 경건주의, 감리교, 침례교 같은 프로테스탄트 종파들은 금욕주의를 수도원 밖의 세상으로 끌고 나왔다. 그런데 베버는 자본주의 정신과 관련하여 칼뱅주의를 특별히 주목해야 한다고 생각했다. 칼뱅주의는 예정설이라는 내세와 관련된 사상을 내세워 현세에서 사람들이 어떻게 살아야 하는지에 대한 윤리 지침을 가장 체계적으로 만들었다. 베버는 이처럼 수도원 밖으로 나온 세속적 금욕주의가 어떤 결과를 낳게 되었는지 계속 추적했다.

의도하지 않은
결과

칼뱅은 성직자가 부유하다고 해서 문제가 될 게 없으며, 오히려 부유하다는 사실 때문에 위신이 높아질 수도 있다고 보았다. 따라서 다른 사람에게 원망을 사지 않으면서도 돈을 불릴 기회가 있다면 적극적으로 투자하는 것이 바람직하다는 의견까지 냈다.

그러나 칼뱅주의에서 발달한 영국 청교도주의에서는 칼뱅보다 이윤 추구에 소극적인 모습을 보였다. 영국 청교도주의를 대표할 만한 저술가로 유명한 목사였던 백스터(Richard Baxter, 1615~1691)를 꼽을 수 있는데, 베버는 백스터의 『성도의 영원한 안식』(1650), 『기독교 예배 규칙서』(1673) 같은 저작에서 칼뱅주의의 천직 사상이 어떻게 발전했는지 살펴본다. 백스터는 성경 본연으로 돌아가 칼뱅보다도 더 금욕적인 생활을 추구했다.

백스터뿐만 아니라 17세기 영국 청교도들의 저술에서는 화폐와

재물을 죄악시하는 경향이 일
반적이었다. 중세 말이 오히
려 너그러운 편이었다 싶을
정도로 청교도들은 부를 추구
하는 것을 진지하게 경계했
다. 그러나 잘 살펴보면 단순
히 부가 도덕적으로 나쁘다는
얘기가 아니었다. 베버는 청
교도들이 정말로 죄악시한 것

청교도 목사 백스터. 칼뱅주의에서 발달한 영
국 청교도주의는 성실한 직업 노동을 통해 얻
은 부를 신의 축복이자 구원의 증표로 보았다.

이 무엇인지 들여다본다. 청교도주의에서 죄악은 부를 추구하는 것
자체가 아니라 부를 통해 쾌락을 추구하고 태만해지는 것이었다.

재산이 많은 게 위태로운 일인 것은 이로 인해 안주해 버리기 쉽
기 때문이다. 백스터에 따르면 '성도의 영원한 안식'은 내세에 있
으므로, 현세에서는 구원을 확신하기 위해서 잠시도 쉬지 말고 최
선을 다해야만 한다. 시간 낭비야말로 가장 큰 죄악인 것이다. 비록
프랭클린처럼 '시간은 돈이다'라고 표현하지는 않았지만, 시간이
가장 귀중한 것이며 모든 시간을 신의 영광을 위한 노동에 바쳐야
한다는 생각이 여기에 깃들어 있었다.

수도사처럼 하루 종일 명상을 하거나 기도를 하는 것은 결코 신
을 위한 노동이 아니었다. 휴식이나 명상은 하나님의 가르침대로
일요일 하루면 충분했다. 게다가 원래 노동은 옛날부터 인정된 금

욕적 수단이었다. 사도 바울은 "일하기 싫어하거든 먹지도 말게 하라."(「데살로니가후서」 3장 10절) 하고 분명히 얘기했다. 노동하지 않고 태만하게 시간을 흘려보낸다는 것은 신에게 구원받지 못했다는 대표적인 증표였다.

중세에는 '일하지 않는 자는 먹지도 말라.'에 대한 해석이 달랐다. 신이 세상에 부여한 질서가 엄연했기 때문에 수도사는 신의 나라에 속한 일인 명상과 기도만 하면 되었고 일하지 않아도 먹고살 만한 부자들은 이런 명령의 대상이 아니라고 보았다. 그러나 청교도주의에 따르면 모든 사람에게 평등하게 원칙이 적용되어 부자라도 일하지 않으면 먹지 말아야 하는 게 옳았다. 현재 어떤 위치에 있든 상관없이 쉬지 않고 일하는 것이야말로 하나님의 소명이기 때문이다.

또한 주어진 기회는 적극적으로 활용해야만 한다. 만약 청교도가 좋은 투자 기회를 갖게 된다면, 이는 신도의 삶 구석구석을 모두 관여하는 신의 깊은 뜻이 작용한 결과이기 때문이다.

성경에 '달란트 비유'(「마태복음」 25장 14~30절, 「누가복음」 19장 11~27절)라고 널리 알려진 얘기가 있다. 주인이 멀리 떠나면서 세 명의 종에게 재산을 맡겼는데, 각기 재능에 따라 금 다섯 달란트, 두 달란트, 한 달란트를 주었다. 한 달란트가 30킬로그램 정도라고 하니 엄청난 재산을 종에게 맡긴 셈이다. 다섯 달란트를 받은 종은 장사를 해서 다섯 달란트의 이윤을 남겼고, 두 달란트를 받은 종도

두 달란트의 이윤을 남겼다. 그러나 한 달란트를 받은 종은 금을 땅에 파묻어 고이 간직했다. 돌아온 주인은 재산을 불린 두 종을 칭찬한 반면, 땅에 묻어 보관한 종은 심하게 꾸짖고 쫓아냈다.

성경의 달란트 이야기는 비유이므로 신앙이나 선행과 관련하여 해석할 수도 있지만, 프로테스탄트들은 곧이곧대로 재물에 대한 교훈으로 받아들이기도 했다. 백스터는 신도들에게 이렇게 가르쳤다.

"만약 신이 너희에게 너희의 영혼이나 다른 자들의 영혼에 해를 끼치지 않고도 다른 방법보다 더 많은 이윤을 획득할 수 있는 합법적인 방법을 제시함에도 불구하고 너희가 이 방법을 거부하고 오히려 더 적은 이윤을 창출하는 방법을 따른다면, **너희는 너희가 받은 소명의 목적 가운데 하나를 방해하는 것이 되고, 신의 청지기가 되기를 거부하는 것이 되며**, 또한 신의 선물을 받아 신이 요구할 때 신을 위해 그것을 사용할 수 있는 기회를 거부하는 것이 된다. 물론 육욕과 죄를 위한 것이라면 모르지만 **진정 신을 위한 것이라면 너희는 부자가 되기 위해 노동해도 좋다.**"

<u>제2장 금욕적 프로테스탄티즘의 직업윤리, 2 금욕주의와 자본주의 정신</u>

따라서 베버는 칼뱅주의를 발전시킨 영국의 청교도주의에서 자본주의 정신의 단초를 발견했다. 청교도의 금욕주의는 나태와 쾌락에 대해 온 힘을 다해 반대했다. 청교도들은 오락을 위해서는 단 한

푼도 지출하지 않으려 했다. 왜냐하면, 인간은 신이 맡긴 재산을 관리하는 '재산 관리인'일 뿐이며 성경에 나오는 종처럼 재산을 얼마나 불렸는지 나중에 자신의 주인인 신에게 보고해야 했기 때문이다. 신의 재산을 얌전히 지니고만 있어도 구원받기 어려운 판국에, 하물며 그중에 일부를 떼어 내어 쾌락을 위해 지출하는 것은 상상도 못 할 일이었다. 청교도들은 재산이 커지면 커질수록 신의 영광을 위해 그 재산이 줄어들지 않도록 애쓰고 노력해서 더 증대시켜야 한다는 책임감을 느꼈다.

프로테스탄티즘의 세속적 금욕주의는 혼신의 힘을 다해 재산의 무절제한 **향락**에 맞서 싸웠으며 **소비**, 특히 사치성 소비를 억압했다. 그러나 다른 한편 이 금욕주의는 전통주의적 경제 윤리의 장애로부터 **재화 획득을 해방시키는** 심리학적 결과를 낳았고, 또 이윤 추구를 합법화했을 뿐만 아니라 더 나아가 신이 직접 원하는 것으로 간주함으로써 그 질곡을 분쇄해 버렸다.

<u>제2장 금욕적 프로테스탄티즘의 직업윤리, 2 금욕주의와 자본주의 정신</u>

애초에 세속적 금욕주의의 가르침은 재산을 합리적으로 불리라는 가르침이 아니라 단지 재산을 비합리적으로 사용해서는 안 된다는 가르침이었다. 사치하거나 향락을 위해 재산을 쓰는 것은 비합리적인 낭비였다. 그렇다면 무엇이 합리적인 사용일까? 필요한 곳

에 유용하게 쓰는 것, 즉 재산을 더욱 불리는 일에 다시 투자하는 것이다. 결국 세속적 금욕주의는 단지 향락을 금지하는 데 그치는 것이 아니라 재산 증식을 향한 강렬한 에너지를 해방시키는 결과를 낳았다.

인생의 목적을 부를 쌓는 데 두고 산다면, 그것은 종교적으로 죄악이다. 그러나 성실하게 직업 노동을 수행한 사람이 부를 획득한다면, 그것은 신의 축복이다. 청교도주의에서는 이러한 발상의 전환이 일어났다. 직업 노동을 가장 좋은 금욕적 수단으로 보고 이로 인한 부의 획득을 신의 축복이자 구원의 증표로 봄으로써, 청교도들은 자본주의 정신이라는 새로운 에토스의 형성과 발달에 크게 기여한 것이다.

베버는 실제 역사에서도 이러한 변화를 확인할 수 있었다. 네덜란드는 칼뱅파의 지배를 7년밖에 받지 않았지만 종교적으로 독실했던 부자들이 결코 귀족화되지 않았다. 네덜란드의 부자들은 아무리 부유하더라도 절약하며 검소하게 살았기 때문에 막대한 자본을 축적할 수 있었다. 17세기 이후 영국은 좋았던 시절을 그리워하는 귀족들과 청교도들로 양분되어 있었는데, 경제 발전을 주도한 사람들은 단연 청교도였다. 미국 식민지의 역사 역시 두 말 할 것도 없다. 거대한 농장을 건설하고 귀족처럼 살고 싶어 한 모험가들도 소수 있었지만 독실한 대다수의 청교도들이 엄청난 부를 쌓아 올렸다.

독실한 청교도들은 반드시 금욕적이어야만 했다. 그런데 이들의 종교적인 실천은 필연적으로 부와 연관되었다. 근검절약하다 보면 자연스럽게 부가 쌓이기 때문이다. 물론 프로테스탄트 종교 지도자들이 신도들에게 최대한 벌고, 최대한 절약하라는 말만 되풀이하진 않았다. 베풀 수 있는 만큼 베풀라고도 가르쳤다. 그러나 베풀라는 가르침은 그다지 잘 실현되지 않았다. 오히려 부의 불평등이 전적으로 신의 섭리 때문이라는 인식만 더 깊어졌다.

부르주아 자본가들은, 만일 자신이 형식적 공정성의 한계를 지키고 자신의 도덕적 품행이 나무랄 데 없으며 자신의 부를 비속하게 사용하지 않는다면, 신으로부터 충만한 은총과 확실한 축복을 받았다는 의식을 갖고 자신의 영리적 이해관계를 추구할 수 있었고, 또 그렇게 해야만 **했던** 것이다. 종교적 금욕주의의 힘은 그 밖에도 부르주아 자본가들에게 냉정하고 양심적이며 고도의 노동 능력을 소유하고서 노동을 신이 원하는 삶의 목적으로 삼고 거기에 매진하는 노동자들을 제공했다. 그리고 종교적 금욕주의의 힘은 한 걸음 더 나아가 부르주아 자본가들에게 현세에서 재화가 불평등하게 분배되는 것은 신의 섭리의 특별한 역사라고 확신시킴으로써 위안을 주었다. 신은 특수 은총에 의한 차별과 마찬가지로 이러한 차별을 통해 우리 인간이 알 수 없는 비밀스러운 목적을 수행한다는 것이다.

자본가에게는 재산을 끊임없이 불리는 일이 신의 소명이었던 반면, 노동자에게는 자신의 노동에 충실한 것이 신의 소명이었다. 세속적인 금욕주의는 자본주의의 발전에 기여할 근대적인 자본가와 노동자를 모두 키워 낸 것이다. 따라서 베버는 근대 자본주의가 등장하는 데 정신적 추진력이 된 자본주의 정신이 프로테스탄티즘의 독특한 세속적 금욕주의에서 비롯되었다고 결론 내릴 수 있었다.

그런데 일단 자본주의 정신이 세상에 자리를 잡게 되면 최초의 동기였던 종교적 금욕주의는 점차 소멸해 버리고 만다. 프랭클린의 글에서 이미 종교적인 내용은 쏙 빠진 채 금욕주의의 형식만이 남아 있음을 확인할 수 있다. 최초의 동기였던 종교적 관심은 사라지고 금욕禁慾은 점차 금전욕金錢慾으로 변질되었다.

청교도는 직업인이 되기를 원했다.—반면 우리는 직업인이 **될 수밖에 없다.** <u>제2장 금욕적 프로테스탄티즘의 직업윤리, 2 금욕주의와 자본주의 정신</u>

인간의 운명을 좌우하는 세상의 질서로 자본주의가 확고하게 자리를 잡게 되면서 그것의 발단이 된 종교적 금욕주의는 더 이상 할 일을 잃었다. 대신 이유를 모른 채 끊임없이 일해야 하는 현실만이 남았다. 자본주의 정신은 사라졌다. 이미 승리를 거둔 자본주의는 더 이상 자본주의 정신 같은 것을 필요로 하지 않게 되었다. 프로테스탄티즘의 세속적 금욕주의가 자본주의의 등장에 기여한 것은 아무도 의도하지 않은 우연한 결과였지만, 튼튼하게 자리를 잡은 자본주의가 더 이상 어떤 정신 같은 것을 필요로 하지 않게 된 것은 필연적인 결과였다. 애초의 동기는 잊은 채 '끊임없이 일하고, 끊임없이 부를 불려야 한다.'는 규범만이 모든 사람이 당연히 따라야 할 사회적 관습으로 남고 말았다.

청교도

영국의 국왕 헨리 8세(재위 1509~1547)는 형의 미망인과 결혼했으나 아들이 없자 이혼하고 궁녀와 결혼하려고 했다. 그러나 로마 교황이 이혼을 인정하지 않자 가톨릭교회와 결별하고 1534년 영국 국교회(성공회)를 설립했다. 영국은 이처럼 독특한 방식으로 종교개혁이 시작되었는데, 헨리 8세 때는 프로테스탄트 쪽에 가깝게 가다가 메리 1세 때 가톨릭으로 복귀했고, 엘리자베스 1세 때 프로테스탄티즘과 가톨릭을 모두 포용하는 방향으로 국교회의 틀을 만들어 갔다.

청교도Puritan는 16세기 후반에 영국 국교회로의 개종을 거부한 프로테스탄트들을 가리키는 말이다. 이들은 가톨릭의 제도를 상당 부분 수용한 국교회를 부정하고 칼뱅주의를 철저하게 받아들였다. 청교도를 뜻하는 Puritan의 어원인 라틴어 'puritas'는 청정, 순수를 뜻하는데, 이 말 그대로 청교도들은 사치와 향락을 멀리하며 청렴하고 도덕적인 삶을 추구했다. 17세기 들어 비국교도를 박해한 제임스 1세와 찰스 1세 때 수많은 청교도들이 종교의 자유를 찾아 네덜란드와 미국 등으로 피해 갔다.

미국으로 이주한 청교도 1세대들은 신앙심이 투철했지만 다음 세대들은 달랐다. 가정교육 탓에 어느 정도 청교도적인 삶이 몸에 배어 있긴 했지만 부모 세대만큼 독실한 신앙을 갖진 못했다. 프랭클린도 마찬가지였다. 그는 성경을 자주 인용하고 청교도 윤리에 충실한 삶을 살긴 했지만 독실한 청교도였던 아버지와 달리 계몽주의의 영향을 받은 무신론자에 가까웠다.

6
자본주의 정신이 사라진 자본주의

『프로테스탄티즘의 윤리와 자본주의 정신』은

1904~1905년에 『사회과학과 사회정책 저널』에 두 편의 논문으로 발표되자마자

격렬한 논쟁에 휘말렸다.

극단의 찬사와 비난에 가까운 비판이 엇갈렸다.

1920년에 출간된 『종교사회학 논문집』에 포함될 때는

베버가 그간의 비판들에 대해 직접 답한 내용들이 주석에 포함되었다.

그러나 중요한 주장을 담은 부분들은 한 글자도 달라지지 않았다.

베버는 자신의 연구에 절대적인 자신감이 있었다.

1920년에 갑작스레 병으로 사망했기 때문에 이후 논쟁들에 대해서는

베버가 직접 답할 수 없었다. 그러나 학자들 사이에 치열한 논쟁은 계속되었다.

100여 년이 지난 지금까지도

『프로테스탄티즘의 윤리와 자본주의 정신』의 핵심 내용은

'베버 명제' 라는 이름으로 여전히 논쟁 중에 있다.

'베버 명제'
논쟁

　『프로테스탄티즘의 윤리와 자본주의 정신』에서 베버가 제시한 명제는 '근대 서구에서만 등장한 합리적인 자본주의에 프로테스탄티즘, 특히 칼뱅주의에 기원을 둔 독특한 직업윤리가 정신적 추진력으로 작용했다.'는 것이다. 그러므로 '과연 종교 윤리의 변화가 자본주의 발전에 영향을 미쳤는가, 아니면 자본주의 발전이 종교에 영향을 미쳤는가?' 하는 문제가 가장 먼저 논란이 되었고 그 외에도 베버가 제시한 근거들의 사실 여부를 놓고도 갑론을박이 이어졌다. 여기에서는 대표적인 것들만 몇 가지 살펴보기로 하자.

"자본주의의 발전이 종교개혁에 영향을 미쳤다."

　베버는 『프로테스탄티즘의 윤리와 자본주의 정신』 본문의 곳곳에서 물질주의가 옳으냐, 정신주의가 옳으냐 식의 헛된 논쟁을 경계했지만, 역시나 가장 충격을 받은 사람들은 물질주의를 신봉하는 학자들이었다. 사실 물질주의자들 중에도 종교개혁과 자본주의 사이에 관계가 있다고 생각한 사람은 적지 않았다. 다만 누구도 베버처럼 생각하지는 않았다. 그들은 자본주의가 발달하는 과정에서 벌어진 한 사건으로 종교개혁을 바라볼 뿐이었다.

물질주의자들은 프로테스탄티즘의 특수한 교리 또한 사회의 변화를 반영한 결과로 파악했다. 사상이나 관념은 틀림없이 사회의 물질적 변화를 반영하기 마련이라는 것이 물질주의자들의 기본적인 관점이었다. 이들은 '자본가들이 왜 돈을 쓰지는 않고 자꾸 불리기만 했는가?' 하는 질문에 대해서 세속적 금욕주의가 아니라 '경쟁' 때문이었다는 답을 내놓았다. 부의 축적을 둘러싸고 벌어진 치열한 경쟁 때문에 쾌락을 위해 돈을 쓰고 싶은 욕구가 굴뚝같아도 어쩔 수 없이 꾹 참았다는 것이다.

결국 물질적인 변화만 중시하는 입장에 따르면 프로테스탄티즘은 변화에 빠르게 적응한 반면, 가톨릭은 그렇지 못했다고 설명할 수 있다. 물론 이들의 설명대로 프로테스탄티즘이나 가톨릭이 달라진 경제 환경에 적응하고 따라간 면도 없진 않다. 그러나 실제 상황은 훨씬 더 복잡하다. 베버는 물질과 정신 사이의 선후 관계를 칼로 무 자르듯 구분하기는 어려우며, 칼뱅주의의 예정설과 같은 독특한 교리가 부에 대한 태도 변화에 기여했다는 점은 반박하기 힘든 역사적 사실이라고 주장한다.

　세세한 역사적 자료들을 중시하는 역사가들도 베버를 옹호하기보다는 비판하는 쪽에 섰다. 몇몇 역사가들은 발생 시기를 따졌을 때 프로테스탄티즘보다 근대 자본주의가 앞서면 앞섰지 결코 나중이 아니었다고 반박했다. 그런데 베버는 이러한 비판을 예상하여 논문에서 이미 종교개혁 이전에도 근대적인 자본주의의 낌새를 찾아볼 수 있다는 사실을 인정했다. 그는 프로테스탄티즘이 자본주의를 낳았다고 주장한 것이 아니라 프로테스탄티즘에서 발달한 세속적 금욕주의와 근대 자본주의 사이에 '선택적 친화력'이 있다는 것을 증명했다.

"베버가 얘기한 칼뱅주의는 실제 칼뱅주의와 다르다."

　베버가 실제로 존재한 칼뱅주의가 아니라 자기만의 칼뱅주의를 창조했다는 비판도 있다. 그런데 베버는 분명히 칼뱅의 교리가 아니라 칼뱅이 죽은 뒤 100여 년에 걸쳐 서유럽 일대에서 세력을 키운 칼뱅주의자들의 교리를 연구 대상으로 삼고 있다. 마르크스가 "나는 마르크스주의자가 아니다."라고 말한 것처럼 칼뱅도 "나는 칼뱅주의자가 아니다."라고 말할지도 모른다. 17세기 칼뱅주의는 우여곡절을 겪으며 칼뱅의 생각과 많은 것이 달라져 있었기 때문이다.

　따라서 "칼뱅은 『기독교 강요』 등 자신의 저서에서 경제의 중요성을 전혀 인정하지 않았다."와 같은 말은 반박이 될 수 없다. 또한 베버가 연구에서 사용한 칼뱅주의나 청교도주의 같은 개념도 모두 이념형이므로 연구자에 따라 제각기 다른 특성을 더 중요하게 볼 여지가 있다는 점도 염두에 두어야 한다. (따라서 어떤 역사학자들은 역사적인 실체를 단순화해서 연구에 이용하는 이념형 자체에 대해 반대하기도 한다.)

오히려 적절한 비판이라면, 베버가 평범한 신도들의 일상에서 근거를 찾은 것이 아니라 백스터와 같이 유명한 목회자들의 저서에서만 근거를 찾은 점을 지적할 수 있다. 역사가들은 이들의 종교 사상이 실제 신도들의 행동에 그대로 적용되지 않았을 가능성을 제기했고 엄밀하게 말하면 매우 유명한 종교 개혁가들조차 말과 행동이 일치했을지 장담할 수 없다는 점을 지적했다. 그런데 실제로 16~17세기 프로테스탄트 신도들의 삶에 대해서는 자료가 전혀 없다시피 하므로 베버가 할 수 있는 일은 오로지 글로 남아 있는 유명한 목회자들의 설교 내용을 분석하는 것뿐이었다.

"가톨릭에서도 자본주의 정신을 찾을 수 있다."

한편, 가톨릭을 옹호하는 입장에서도 비판이 쏟아졌다. 가톨릭에서도 프로테스탄티즘 못지않게 자본주의 정신을 찾을 수 있다는 반박이 적지 않았는데, 이 역시 초점이 어긋난 비판이었다. 일부 가톨릭 역사가들은 베버가 프로테스탄티즘은 경제 발전에 기여하는 반면, 가톨릭은 경제 발전을 저해한다는 식의 주장을 했다고 오해했다. 그러나 베버는 결코 '가톨릭은 자본주의에 적대적, 프로테스탄트는 호의적'이라는 도식을 제시한 것이 아니다. 부자에 대한 태도만 놓고 보자면 오히려 가톨릭이 더 호의적이기도 했다. 베버는 다만 두 종교의 교리 사이에 매우 중요한 차이가 있으며, 프로테스탄트가 가톨릭보다 훨씬 더 엄격하게 속세의 모든 활동에까지 교리를 적용하면서 의외의 효과가 발생했음을 증명했을 뿐이다.

"프로테스탄티즘 없이도 자본주의가 발전할 수 있다."

어떤 학자는 일본의 눈부신 경제 성장을 보고는 "일본인들은 자본주의 정신을 실현하기 위해 꼭 프로테스탄트가 될 필요가 없다는 사실을 증명해 주었다."라며 베버를 반박했다. 그러나 베버는 일단 세상에 뿌리내린 자본주의는 더 이상 종교적 요소를 필요로 하지 않는다고 이미 지적했다.

근대 서유럽에 처음 등장한 합리적인 자본주의에 프로테스탄티즘의 윤리가 정신적인 힘을 보탠 것은 사실이지만, 이후 자본주의가 다른 지역으로 퍼져 나가는 데는 특별히 종교적 힘이 필요하지 않았다. 즉 자본주의가 발달하는 데는 프로테스탄티즘이 결코 필수적인 요소가 아니었다. 따라서 동양에서는 유교가 프로테스탄티즘의 역할을 대신했다든지, 가톨릭 국가에서도 자본주의는 발달할 수 있었다든지 등의 주장은 경제 발전과 정신적 추진력의 관계를 밝히려는 베버의 문제의식을 그대로 따르는 연구일 뿐 베버에 대한 비판이 되기는 어렵다.

이 외에도 "베버는 1895년 바덴 지역의 통계만 사용했는데, 다른 지역에서는 그와 같은 특징이 잘 드러나지 않았다."거나 "근대 자본주의와 그 이전의 자본주의를 명확히 나눌 수 없다."는 비판도 있었다.

그런데 이처럼 많은 오해와 비판이 따른 것은 상당 부분 베버의 책임이기도 했다. 『프로테스탄티즘의 윤리와 자본주의 정신』이 엄청난 명성을 얻긴 했지만 어찌 보면 매우 단편적인 논문이기 때문이다. 본문은 짧고 주석이 굉장히 긴데다가, 베버가 오해를 피하려고 지나치게 조심한 것이 오히려 주장을 모호하게 만든 면도 없지 않았다.

베버 역시 자신의 연구가 지니는 한계를 잘 알고 있었다. 그는 『프로테스탄티즘의 윤리와 자본주의 정신』에서 단지 종교적 금욕주의가 자본주의 정신의 형성과 발달에 큰 영향을 미쳤음을 증명하는 데 그치고 있는 점을 지적하고, 앞으로 필요한 연구를 계획하며 글을 마무리한다.

사실상 이 연구에서는 일단 금욕적 프로테스탄티즘이 영향을 끼친 사실과 방식을, 비록 중요하기는 하지만 다양한 측면들 가운데 하나에 지나지 않는 측면에서 그 영향의 동기로 소급해 구명하려고 시도

 근대인의 탄생 프로테스탄티즘의 윤리와 자본주의 정신

했다. 그러나 앞으로는 거기에서 더 나아가 프로테스탄티즘의 금욕주의가 그 형성 과정과 특성에서 사회의 문화적 조건들, 그중에서도 특히 **경제적** 조건에 의해 어떠한 영향을 받았는가도 밝혀야 할 것이다. 왜냐하면 현대인은 전반적으로 최선의 인식 의지에도 불구하고 종교적 의식 내용이 생활양식·문화·국민성에 대해 가졌던 의미를 그것이 실제로 그랬던 것만큼 **그렇게 크게 표상할 수 없는 것이** 사실이지만—그렇다고 해서 문화와 역사에 대해 일방적인 '물질주의적' 인과 해석을, 역시 일방적인 정신주의적 인과 해석으로 대체하려 의도할 수 없음은 물론이기 때문이다. **양자는 똑같이 가능하다.** 그러나 연구의 예비 작업이 아니라 결론임을 자처한다면, 양자는 똑같이 역사적 진리에 기여하는 바가 적을 것이다.

<u>제2장 금욕적 프로테스탄티즘의 직업윤리, 2 금욕주의와 자본주의 정신</u>

사실 베버의 자본주의 정신 연구는 학자로서 제2의 인생을 시작하면서 구상한 원대한 연구 계획의 첫걸음에 불과했다. 따라서 베버는 『프로테스탄티즘의 윤리와 자본주의 정신』에서 시작된 문제의식을 계속 발전시켜 나갔다. 가톨릭과 프로테스탄티즘뿐만 아니라 유교, 도교, 불교, 힌두교, 이슬람교, 유대교 같은 세계의 주요 종교들로 연구 범위를 넓혀서 종교와 사회의 긴밀한 관계에 대해 탐구했다.

물론 다른 종교에 대한 연구에서도 기본 토대가 되는 것은 『프로테스탄티즘의 윤리와 자본주의 정신』의 핵심 주제였다. '왜 하필이면 서유럽에서 근대 자본주의가 발생했는가?' 라는 질문을 다른 연구에서도 계속 도입하여 '왜 다른 지역에서는 근대 자본주의의 등장이 미루어졌는가?' 를 물었다. 베버는 사회마다 다양한 합리화 과정을 밟게 되는데, 그러한 차이가 발생하는 이유를 특히 각 사회의 종교를 주도하는 집단이 지니고 있는 관념과 경제적 이해관계에서 찾아야 한다고 보았다.『프로테스탄티즘의 윤리와 자본주의 정신』에서 종교가 사회에 미친 영향에 좀 더 치우쳤다면, 이후 연구에서는 종교와 사회가 서로 주고받은 영향들에 관심을 가졌다.

베버와 서구 중심주의

베버는 문화권마다 다른 합리화 과정을 밝히기 위해 비교 연구를 하면서도, 비서구 사회에 대해서는 전문가가 아니었기 때문에 매우 조심스러워했다. "내 논문의 의미를 과대평가해서는 안 된다. 이 논문들에 중국학자, 인도학자, 유대학자, 이집트학자가 모르는 새로운 사실은 하나도 없다."며, 특히 아시아와 관련해서는 서구 학자들이 쓴 몇 안 되는 자료만 볼 수 있었기에 자신의 근거가 과연 정확한 것인지 자신할 수 없었다.

실제로 세계 종교에 대한 연구는 『프로테스탄티즘의 윤리와 자본주의 정신』을 보완한 면도 있지만 오히려 적지 않은 약점을 드러내었다. 베버는 『인도의 종교』에서 힌두교와 카스트 제도가 인도의 경제 발전을 저해한 부분을 추적했고 『중국의 종교』에서는 유교가 미친 영향을 분석했다. 유럽인의 한 명으로서 베버는 제국주의와 식민지 지배로 인해 인도와 중국이 큰 피해를 입었고 이로 인해 발전이 늦어진 점은 전혀 고려하지 않았다. 영국에서 식민지 지배를 위해 '인도학'이라는 이름으로 수집한 자료나 중국에 간 서구 선교사들의 글이 연구 자료였기에, 자료에 이미 편견이 개입되어 있었다.

베버가 살던 때는 인종차별이 지극히 당연하게 여겨지던 시대였다. 연미복을 빼입은 서구의 신사들은 파티에서 포도주를 마시며 인종차별 농담을 즐겼다. "인도에서는 소가 오줌을 누면 조심스럽게 손으로 받아서 이마를 씻는답니다." 같은 말을 하면서 웃음을 터뜨렸다. 아무리 냉철한 사회과학자라고 해도 편견에서 완전히 벗어나기 어려운 시대였다. 다만 베버가 『프로테스탄티즘의 윤리와 자본주의 정신』에서는 인종적인 요인을 단호히 거부하고 있다는 점은 높이 평가해야 할 것이다.

17세기에 아시아는 유럽보다 앞서 있었다. 서구 상인들은 아시아의 수준 높은 수공업 제품들을 사들이기에 바빴고 인도, 페르시아, 중국 등은 발달된 제도와 발명품을 서구에 전수해 주는 나라였다. 그러나 19세기가 되자 아시아는 유럽의 식민지로 전락했다. 결국 우리는 서구에서 근대가 발생했다는 주장을 인정할 수밖에 없다. 그러나 그것이 필연적인 역사의 법칙에 따른 것이 아니라 우연한 결과였으며, 자연스러운 과정이 아니라 폭력과 피로 얼룩진 과정이었음을 기억해야 한다.

또한 이와 같은 역사적 사실을 인정하는 것과 지금 우리가 살고 있는 현대사회의 질서를 옹호하는 것은 별개의 문제다. 만약 아무런 문제의식 없이 '현재가 최선의 결과' 라는 식으로 서구가 만들어 낸 근대를 무분별하게 받아들인다면 그것이야말로 '서구 중심주의' 라는 비판을 면하기 어렵다. 서구가 만들어 낸 근대를 무조건 거부해서도 안 되지만 무조건 수용하기만 해서도 안 될 것이다.

탈주술화와
가치의 다신교

　　　　베버는 『프로테스탄티즘의 윤리와 자본주의 정신』을 비롯한 몇 편의 논문을 연달아 발표하면서 병에서 벗어났음을 세상에 알렸다. 그는 다시 열정적으로 일했다. 대학에서 강의를 할 수는 없었지만 계속 글을 쓰고 사람들과 토론했다. 그는 특히 자신의 명성에 이끌려 집으로 찾아오는 수많은 사람들과 활발한 토론을 나누었다. 건강에 대한 염려 때문에 매주 일요일 오후에만 방문객을 받았는데, 자주 들르는 사람들의 모임이 저절로 형성되어 '베버 서클'로 불리게 되었다. 루카치(György Lukács, 1885~1971), 지멜(Georg Simmel, 1858~1918), 야스퍼스(Karl Theodor Jaspers, 1883~1969) 등 유명한 학자들뿐만 아니라 대학생, 사회주의자, 중년 부인 등 각계각층의 사람들이 베버 서클 안에서 자유롭게 토론을 벌였다.

1914년에 제1차 세계대전이 일어나자 베버는 중년의 나이에도 불구하고 야전병원에서 장교로 잠시 일하기도 했다. 그는 제1차 세계대전을 독일이 강대국이 되기 위해 어쩔 수 없이 거쳐야 할 '위대한 전쟁'으로 여겨, 냉철한 사회과학자로서가 아니라 독일 민족주의자로서 전쟁을 옹호한 것에 대해 후대 사람들의 거센 비판을 받기도 했다. 패전 후에는 독일의 부활을 꿈꾸며 본격적으로 정치 활동을 해 보려고 애썼으나 일이 뜻대로 풀리지 않아 포기했다.

베버는 1919년 뮌헨 대학의 경제학 교수로 초빙되어, 병을 앓기 시작한 지 무려 20년 만에 다시 대학의 강단으로 돌아갔다. 그러나 이듬해에 우연히 감기에 걸린 뒤 폐렴으로 악화되는 바람에 1920년 6월 14일 56세의 나이로 갑작스럽게 세상을 떠났다. 베버는 교수로 초빙되기 전에 뮌헨 대학 학생 단체의 초청으로 1917년에 '직업으로서의 학문', 1919년에 '직업으로서의 정치'라는 주제로 유명한 강연을 했는데, 결국 죽기 전에 책으로 출간된 두 편의 강연문이 유언장을 대신하게 되었다. 베버는 일생의 대부분을 보낸 하이델베르크에 묻혔고 장례식에는 천여 명이 모여 한 시대를 대표하던 거인의 죽음을 애도했다.

베버는 짧지만 우여곡절이 많은 삶을 살았다. 원인을 알 수 없는 병에 오랫동안 시달리고 긴 공백기가 있었음에도 불구하고 '아리스토텔레스 이후 마지막으로 여러 방면에서 두각을 드러낸 천재'로 평가될 만큼 법학, 경제학, 역사학, 철학, 정치학, 사회학 등 여러 학문 분야에서 큰 업적을 남겼다. 『프로테스탄티즘의 윤리와 자본주의 정신』에서도 여러 학문의 경계를 자유롭게 넘나든 베버의 특성이 잘 나타나는데, 이러한 특성은 다양한 분야의 학자들로부터 제각기 다른 방향의 비판을 받게 되는 이유가 되기도 했다.

사회과학자로서 평생 세계의 여러 종교와 자본주의에 대해 연구했지만 사실 베버 생애 가장 중요한 연구 주제는 종교와 자본주의 그 자체보다 그 안에 들어 있는 합리성이었다. 베버는 전통사회에서 현대사회로의 변화를 합리성이 증가하는 합리화 과정으로 파악했다. 그런데 베버에게 있어서 합리화는 단순히 역사의 진보나 진화로 규정할 수 있는 과정이 아니었다. 사회에서 합리성이 증가하는 것이 과연 좋은 일인지 나쁜 일인지는 아무리 훌륭한 사회과학자라 해도 판단할 수 없는 문제라고 생각했다.

현대사회에서 합리성이 증가하면 증가할수록 신성함이나 신비함 같은 전통사회의 가치는 점점 사라지게 된다. 따라서 베버는 합리화의 이러한 경향을 '탈脫주술화'라고 불렀다('탈마법화'나 '탈신비화'도 같은 말이다). 즉 사람들이 더 이상 주술이나 마법을 믿지 않게 되었다는 것이다. 종교개혁도 탈주술화 과정 중 하나로 볼 수 있는데, 가톨릭에서 중요하게 여겼던 온갖 성사와 신비로운 기적들을 프로테스탄티즘에서는 미신 취급했기 때문이다. 종교 개혁가들은 신도와 하나님을 이어 주는 가톨릭 사제의 신비한 능력에 대해서 아무런 근거가 없다며 무시했고, 가장 성스러운 삶으로 여겨졌던 수도원에서의 고행도 비합리적인 시간 낭비일 뿐이라고 비판했다. 프로테스탄티즘의 입장에서 보면 모든 신도가 자신의 직업을 충실히 수행하며 사는 것만이 합리적인 삶이었다.

그러나 탈주술화가 계속 진행되면서 프로테스탄트는 뒤늦게 칼날이 점차 자신을 향하는 것을 알아차렸다. 가톨릭뿐만 아니라 세계의 모든 종교는 기본적으로 과학이나 인간의 이성으로는 설명하기 어려운 신성함, 신비함에 기대기 마련인데, 탈주술화가 극단적으로 진행되는 상황에서는 결국 프로테스탄티즘마저도 의심의 대상이 될 수밖에 없기 때문이다. 종교 개혁가들은 교황을 비롯한 가톨릭 성직자들의 말을 의심하며 오로지 성경에서만 근거를 찾으려 했지만 오늘날 사람들은 마침내 성경마저 의심하게 되었다.

근대는 이처럼 세상의 모든 것들을 과학을 통해 알 수 있고, 그 힘을 이용할 수 있다고 믿었던 서양 사람들에게서 시작되었다. 이제 더 이상 주술이나 마법, 종교의 신비로움은 힘을 발휘할 수 없는 세상이 되었다. 현대사회에서 서양의 중세에 가톨릭이 했던 역할이나 조선 시대에 유교 윤리가 했던 역할을 대신할 만한 믿음이나 가치는 존재하지 않는다.

따라서 베버는 탈주술화로 인해 기존의 가치 질서가 허물어지고 다양한 가치들이 서로 다투게 된 오늘날의 상황을 '가치의 다신교 多神敎'라고 표현했다. 사실 베버 본인이 수많은 가치들이 투쟁하는 시대의 첫머리에 서서 고민한 사람이기도 했다. 그는 현대사회의 물질적 세속화를 대표하는 듯한 정치인 아버지와 전통적인 종교적 삶을 고수한 어머니 사이의 갈등을 가까이에서 지켜보며 자랐다. 세계 종교에 대한 방대한 연구를 수행하긴 했지만 정작 본인은 죽을 때까지 종교를 갖지 않았다.

베버의 삶에 대해 아버지를 부정하고 어머니의 편에 섰다고 생각하는 사람들이 많지만 오히려 베버는 아버지와 어머니를 모두 부정했고 또한 모두 긍정했다고 볼 수 있다. 그는 결국 아버지와 어머니를 모두 극복하려고 했다. 인간이 부와 권력을 위해 살 것인가, 하나님을 위해 살 것인가 둘 중의 하나를 택해야만 하는 것이 아니라고 생각했으며, 오히려 둘 사이에 있는 기묘한 연관성을 꿰뚫어 보았다.

이념이 아니라 이해관계(물질적 그리고 이념적 이해관계)가 인간의 행위를 직접적으로 지배한다. 따라서 이해관계의 역동적 힘이 우리를 움

직여 (문명의) 선로를 깔게 한다. 그러나 '이념'을 통해 창출된 '세계상世界象'은 바로 이 선로의 방향을 결정짓는 차단기 역할을 하는 경우가 매우 많았다. 결국 이 '세계상'에 따라, 사람들이 '무엇으로부터', 그리고 '무엇을 위하여' 구원받고자 원하는지, 그리고 (이 점을 잊어서는 안 된다) 과연 구원받을 수 있는지의 여부가 결정되었던 것이다.

—『세계 종교의 경제 윤리』 서론

베버는 물질적인 이해관계의 중요성을 결코 무시하지 않았다. 대부분의 사람들이 부와 권력을 차지하는 데 일생을 바치며, 사람들 사이의 경제적 이해관계로 사회의 수많은 사건들을 곧바로 설명할 수 있다고 생각했다.

그러나 한편으로 베버는 이해관계가 세상의 전부는 아니며 '인간은 빵만으로 살지 않는다.'고 굳게 믿었다. 마치 철길의 방향을 바꾸는 차단기처럼 사람들의 이념과 세계상이 역사의 방향을 바꾸는 결정적인 역할을 할 수도 있다고 생각했다. 프로테스탄티즘의 세속적 금욕주의가 뜻밖에도 근대 자본주의의 발달에 기여한 것이야말로 사람들의 정신적 힘이 역사에 미치는 강력한 영향을 보여 주는 대표적인 사례라고 할 수 있다.

강철 상자에 갇힌
최후의 인간

베버가 활동하던 시기는 마르크스주의가 한창 주목을 받으며 사회주의 혁명에 대한 기대가 부풀어 오르던 때였다. 실제로 1917년에 러시아에서 혁명이 일어나 최초의 사회주의 국가 소련이 탄생하기도 했다. 이와 같은 시대적 배경에서 베버의 연구는 마르크스의 정치경제학과 자주 비교되었다. 많은 사람들이 베버가 마르크스와 대결하고 있다고 여겼으며, 제2차 세계대전 이후 미국과 소련이 치열하게 대립하던 냉전 시기에 마르크스에 대항하는 학자로서 베버가 재발견된 면도 없지 않다.

그런데 베버와 마르크스를 비교 연구한 학자들은 의외로 두 사람의 연구 주제와 분석에 공통점이 많다는 사실을 발견하고 놀랐다. 베버는 제자에게 이렇게 말한 적도 있다. "오늘날 지식인이 얼마나 진실한가는 마르크스와 니체에 대해 어떤 태도를 취하는지를 보면

알 수 있다. 만약 두 사람의 작업이 없었다면 자기 역시 중요한 성취를 이루기 어려웠으리라는 사실을 인정하지 않는 사람은 자기 자신과 다른 사람들을 속이는 것이다."

요즘은 베버와 마르크스의 연구를 대립적으로 보지 않고 서로 보완하는 연구로 보는 추세다. 베버는 자본주의의 등장에 프로테스탄티즘만 유일하게 중요한 요인으로 꼽은 것이 아니라 서구에서 유독 두드러졌던 도시의 발달, 로마법의 전통, 전문적인 관료에 의해 주도되는 민족국가의 형성, 복식부기 같은 합리적인 회계의 발달, 대규모 공장과 기업의 발달, 노동으로만 먹고살 수 있는 노동자 계급의 형성 등을 중요하게 보았는데 이는 마르크스의 분석과 거의 일치했다.

사실 마르크스와 베버는 자본주의가 지금처럼 압도적이지는 않았던 과거에 살았기에 오늘날 학자들처럼 "자본주의에 대안은 없다. 오직 자본주의를 잘 관리하는 문제가 중요하다." 하고 쉽게 단정 짓지 않았다. 두 사람은 자본주의가 당연하다고 생각할 만큼 자본주의에 푹 빠져 있지 않았다. 따라서 빈부 격차나 과도한 노동 시간 같은 문제에 대해 분노했고, "왜 옛날 사람들은 끔찍하게 여겼던 노동이 마치 세상에서 가장 가치 있는 것처럼 여겨지게 되었을까? 왜 부자는 점점 더 부유해지고 가난한 사람들은 더 가난해지기만 할까?" 같은 의문을 숨기지 않았다.

그런데 학자들이 보기에 베버는 마르크스에 비해 훨씬 신중하고 조심스러운 인상이었다. 마르크스가 열정을 못 숨기고 분노를 터뜨리거나 다소 유토피아적인 희망을 품은 것처럼 보이는 데 반해, 베버는 매우 냉철하게 사회를 관찰하기만 하는 것처럼 보였다. 또한 마르크스가 지식인의 임무는 사회를 분석하는 것보다 사회를 더 낫게 만드는 것에 있다며 노동자 계급의 투쟁을 통해 자본주의를 무너뜨리고 사회주의로 나아가는 과제에 대해 많은 고민을 한 반면, 베버는 사회과학자로서 오로지 논리적인 증명이 가능한 사실만 연구하려고 했다.

베버는 학자가 점쟁이나 예언자가 아닌 이상 미래에 대해서는 어떤 예측도 할 수 없다고 생각했다. 그는 마르크스와 달리 자본주의의 미래에 대해 별 다른 말을 남기지 않았다. 그런데 아무리 객관적인 사실만 서술하려고 했다지만, 『프로테스탄티즘의 윤리와 자본주의 정신』의 끝부분에는 짧게나마 자본주의의 미래에 대한 예측으로 비칠 수 있는 구절이 몇 토막 있다.

백스터의 견해에 따르면, 외적인 재화에 대한 염려는 마치 '언제든지 벗어 버릴 수 있는 얇은 외투'처럼 성도들의 어깨 위에 걸쳐져 있어야 한다. 그러나 운명은 이 외투를 강철 상자로 만들어 버렸다. 금욕주의가 세계를 변형하고 세계 안에서 영향을 행사하게 되면서, 이 세계의 외적인 재화는 점증하는 힘으로 인간을 지배하게 되었고 그리하여 마침내는 도저히 벗어날 수 없는 힘으로 인간을 지배하게 되었다. 이는 역사에서 결코 그 유례를 찾아볼 수 없는 현상이다. 오늘날 금욕주의 정신은 강철 상자에서─영구적으로 그런 것인지 아닌지는 그 누구도 모른다.─사라져 버렸다. 아무튼 승리를 거둔 자본주의는 기계적 토대 위에 존립하게 된 이래로 금욕주의 정신이라는 버팀목을 더 이상 필요로 하지 않는다.

<u>제2장 금욕적 프로테스탄티즘의 직업윤리, 2 금욕주의와 자본주의 정신</u>

이 구절은 자본주의의 미래에 대한 베버의 예측으로 읽히면서 수많은 논란을 낳았다. 또한 번역을 둘러싸고도 논쟁이 있었다. 베버는 자본주의가 세상의 질서로 굳어지면서, 사람들의 재물욕, 금전욕이 더 이상 '얇은 외투'가 아니라 벗어나기 어려운 '강철 상자 *stahlhartes Gehäuse*'가 되어 버렸다고 지적했다. 그런데 미국의 사회학자 파슨스(Talcott Parsons, 1902~1979)는 베버의 저작을 영어로 처음 번역하면서 '강철 우리'라는 표현을 썼다. 원래 '상자, 틀, 껍데기' 정도로 번역할 수 있는 말을 '우리'라고 표현함에 따라 마치 감옥에 갇힌 죄수처럼 현대인의 운명을 지나치게 비관적으로 볼 수

있다는 비판이 잇따랐다.

실제로 베버가 자본주의의 미래를 그처럼 비관적으로 보았는지는 알 수 없다. 역사에는 정해진 법칙이 없다고 믿는 베버의 입장에 따르면 근대 자본주의가 매우 튼튼한 굴레가 된 것은 사실이지만 도저히 벗어날 수 없는 운명이라고 단정 지을 수는 없다. 따라서 이후에 나온 번역본에서는 '강철로 만든 겉껍질' 정도로 바뀌었는데, '강철 우리'가 너무 무겁다면 '겉껍질'은 너무 가벼운 느낌이 없지 않다. 이 글에서는 중간 정도 느낌을 줄 수 있도록 '강철 상자'라는 표현을 선택했다.

프로테스탄티즘의 세속적 금욕주의는 근검절약을 통해 재산을 모으고 모은 재산을 사업에 재투자하게 하는 정신적 힘이 되었지만, 이미 세상에 견고하게 뿌리를 내린 자본주의는 더 이상 그런 정신적 힘을 필요로 하지 않는다. 자본주의 정신은 자본주의 초기에만 잠깐 존재했다. 자본주의가 세계의 질서로 자리 잡고 모든 사람이 반드시 따라야 할 법칙이 된 후에는 그러한 정신을 굳이 필요로 하지 않게 되었다.

자본주의 사회에서는 재물욕, 금전욕이 비난받을 만한 것이 아니라 마치 인간의 본능처럼 당연한 것이 되었고 오히려 미덕으로 칭송받는 지경에 이르렀다. 먹고살기 위해 꼭 필요한 것만 살 만큼의 얇은 외투 같은 소비 욕구를 가질 것을 권고했던 프로테스탄트 목회자의 말과 달리, 현대인은 강철 상자처럼 빠져나오기 어려운 소

비문화 안에서 살아간다. 이제 더 이상 누구도 왜 자신의 직업에 충실해야 하는가, 왜 끝없이 부를 추구해야 하는가 물을 까닭이 없다. 자본주의 사회에서 쉴 틈 없는 노동과 부의 축적, 끊임없는 소비는 매일 세 끼의 식사를 하는 것처럼 너무나 당연한 일이 되었다.

베버 명제를 잘못 이해한 사람은 지금도 자본주의 정신이 필요하다고 주장한다. 후진국의 경제 성장을 위해서 자본주의 정신을 가르쳐야 한다고 강변하기도 한다. 한국 사회에 대해서도 아직 천민 자본주의 수준에서 벗어나지 못했다면서 금욕주의에 기반을 둔 자본주의 정신을 가져야 한다고 부르짖기도 한다. 그러나 베버는 이제 직업 의무는 어떤 정신에 따른 것이 아니라 강제적으로 들어가게 된 강철 상자 같은 것이라고 얘기한다. 베버는 자본주의의 비인 간성을 알아차렸고 냉정하고 계산적인 현대사회의 문제점을 정확하게 묘사했다.

베버는 자본주의 정신이 사라지고 금욕이 금전욕으로 바뀐 현실에 대해서는 길게 얘기하지 않는다. 연구의 목표는 오로지 서구 근대 자본주의의 원동력이 된 독특한 정신, 즉 자본주의 정신이 어떻게 등장했는지 살피는 것이었기 때문이다. 그는 연구에서 수많은 자료들을 통해 증명할 수 있는 사실만 거론하려 하며 이 사실에 대해서도 선과 악을 판단하려고 하지 않는다. 그러나 아무리 감추려 해도 인류의 미래에 대한 우려가 짧게나마 배어 나오는 것은 어쩔 수 없었다.

베버가 자본주의 사회에 대해 갖는 염려는 사회주의 같은 새로운 체제로 극복될 수 있는 것이 아니다. 그는 계속된 합리화로 인해 전통적인 가치와 이상을 의심하게 된 현대인들이 정신적인 방황을 겪을 것이라고 염려했다.

미래에 누가 저 강철 상자 안에서 살게 되는지, 그리고 이 무시무시한 발전 과정의 끝자락에 새로운 예언자들이 등장하게 되는지 혹은 옛 사상과 이상이 강력하게 부활하게 되는지, **아니면**―둘 다 아니라면―일종의 발작적인 자기 중시로 치장된 기계화된 화석화가 도래하게 되는지 아직 아무도 모른다. 만약 기계화된 화석화가 도래하게 된다면, 그러한 문화 발전의 '최후의 인간들'에게는 물론 다음 명제가 진리가 될 것이다. "정신 없는 전문인, 가슴 없는 향락인―이 무가치한 인간들은 그들이 인류가 지금껏 도달하지 못한 단계에 올랐다고 공상한다."

<u>제2장 금욕적 프로테스탄티즘의 직업윤리, 2 금욕주의와 자본주의 정신</u>

이 글에서 '최후의 인간들'은 원래 니체(Friedrich W. Nietzsche, 1844~1900)가 『차라투스트라는 이렇게 말했다』에서 애기한 것이다. 차라투스트라는 산속에 들어간 지 10년 만에 깨달음을 얻고 사람들에게 지혜를 나누어 주기 위해 속세로 돌아온다. 그는 사람들에게 가장 경멸스러운 것을 알려 주겠다면서 '최후의 인간들'에 대해 애기한다. 최후의 인간들은 "우리는 행복을 찾아냈다."고 자신한다. 조심조심 걷기에 결코 돌부리에 걸려 넘어지지 않으며 때때로 약간의 독을 마셔서 단꿈을 꾸는 사람, 자신들이 역사 발전의 끝에 서 있다고 자신하며 주어진 환경에서 최대한 행복하게 살려고 발버둥 치는 사람들이다.

그런데 '가장 경멸스러운 것'이라는 말에도 불구하고 군중은 환호하며 "우리가 최후의 인간이 되게 해 달라!"고 외친다. 사람들의 눈에는 최후의 인간이 가장 행복한 사람처럼 보이기 때문이다. 차라투스트라는 자신의 말을 이해하지 못하는 사람들을 보며 슬퍼한다. 누구도 벗어나기 어려운 강철 상자가 되어 버린 세계에 만족하

며 그 안에서 행복하다고 느
끼는 것은 인간의 가능성을 1
퍼센트도 발휘하지 못하는 삶
이기 때문이다. 니체는 최후
의 인간들이 행복을 찾아낸
것이 아니라 스스로 행복을
발명한 것이라고 지적한다.

독일 철학자 니체. 베버는 목적도 이유도 모른 채 끊임없이 돈을 벌지 않으면 안 되는 강철 상자에 갇힌 현대인들을 니체가 말한 '최후의 인간들'에 빗대어 표현했다.

자본주의 사회에서 인류가 이뤄 낸 엄청난 발전에 도취된 사람들은 스스로 '최후의 인간'이라는 자만심에 빠지기 쉽다. 그러나 최후의 인간은 다르게 말하면 '정신 없는 전문인, 가슴 없는 향락인'이다. 자본주의에서 당연한 것이 되어 버린 직업 의무에 따라 매일 성실히 일하고 많은 돈을 벌지만 쳇바퀴처럼 돌아가는 삶 속에서 정신은 텅 빈 느낌이다. 더 큰 쾌락을 위해 힘들게 번 돈을 아낌없이 쓰지만 밑 빠진 독에 물 붓기일 뿐이다. 자본주의 정신이 사라진 이후 현대인은 통장에 든 돈과 살고 있는 집의 가격으로 행복의 양을 곧바로 계산할 수 있는, 역사상 가장 독특한 행복을 발명해 냈다.

"자유보다 빵이 낫다."

가톨릭교회의 지배가 한창이던 16세기 에스파냐 남서부의 도시 세비야의 광장에서는 종종 이교도의 화형이 벌어졌다. 백 명 가까운 이교도들이 화형에 처해진 다음 날, 광장은 불기운이 여전히 남아 있는 듯 뜨거웠고 미처 치우지 못한 검은 재가 흩날리고 있었다.

뜨거운 대낮의 광장에 한 남자가 홀연히 나타났다. 남자는 겉으로 보기에 다른 사람들과 조금도 다를 바가 없었다. 그러나 광장에서 어슬렁거리던 사람들은 한눈에 그가 예수인 것을 알아차렸다. 사람들은 자기도 모르는 사이 예수의 주변을 둘러싸고 뒤따라 걷기 시작했다. 점점 더 많은 사람들이 광장으로 모여들었다.

예수가 군중에 둘러싸여 한 걸음씩 걸을 때마다 기적이 벌어지기 시작했다. 장님이 눈을 뜨고 죽은 아이가 다시 살아나 관 밖으로 걸어 나왔다. 사람들은 감동하여 울부짖었다. "이분은 예수님이다. 성경의 예언대로 마침내 그리스도가 세상에 다시 오셨다."

그런데 마침 가톨릭교회의 추기경이자 그 전날 이교도의 화형을 집행했던 대심문관이 광장을 지나다가 그 광경을 지켜보았다. 대심문관은 아흔 살이 다 된 노인으로 얼굴은 여위고 허름한 수도복을 걸치고 있었다. 그는 근심 어린 표정으로 예수의 기적에 환호하는 군중을 바라보다가 호위병을 시켜 예수를 체포하게 했다. 군중은 대심문관의 권위에 벌벌 떨며 호위병들에게 얼른 길을 비켜 주었다. 예수는 종교 재판소의 감옥에 갇혔다.

그날 밤, 늙은 대심문관이 홀로 등불을 들고 감옥을 찾아왔다.

"너는 정말 예수인가?"

묻고는 대답을 듣기도 전에 얼른 말을 덧붙였다.

"아니, 대답은 필요 없다. 네가 진짜 예수든 가짜 예수든 상관없어. 어쨌든 내일 너를 재판에 올려서 가장 악질적인 이교도로 화형에 처할 테니까. 내가 손가락만 까딱하면 오늘 너에게 환호하던 군중이 앞장서서 불을 붙일 거다."

대심문관은 잠시 생각에 잠겼다가 다시 입을 열었다.

"그런데 도대체 지금 왜 우리를 방해하러 온 거지? 지난 수백 년 동안 우리는 온갖 고생을 겪었다. 그리고 마침내 모든 일을 완성했다. 1,500년 전에 네가 '너희들을 자유롭게 해 주겠다.'며 무책임하게 던져 놓은 일들을 우리가 완성했단 말이다. 민중은 지금 어느 때보다 완전한 자유를 누리고 있다고 믿고 있다. 그러나 그 자유는 사실 그들이 스스로 겸손하게 우리의 발밑에다 갖다 바친 것이지. 물론 네가 원한 것은 이런 자유가 아니었을 게다."

노인은 말을 이었다.

"악마가 돌을 빵으로 만들라고 했을 때 너는 '인간은 빵만으론 살아갈 수 없다.'며 단호하게 거절했다지? 그러나 지상의 악마는 결국 빵의 이름으로 너에게 저항했고 사람들이 모두 그 뒤를 따랐다. 굶주린 사람들은 '먼저 먹을 것을 달라. 그러고 나서 선행을 요구하라!'고 울부짖었다. 그리고 결국 그들은 자유와 빵을 동시에 가질 수 없다는 것을 깨닫고 우리의 발밑에 자유를 갖다 바쳤어. '우리를 노예로 삼아도 좋으니 제발 먹을 걸 주십시오.' 하며 애걸하더군."

대심문관은 말을 이을수록 점점 더 예수를 힐난하는 어조가 되었다. 그리고 마침내 비밀을 털어놓았다.

"그래서 우리는 악마와 손을 잡았다. 인간이란 네가 생각했던 것보다 훨씬 약하고 비열한 존재란 말이다. 대체 너 같은 사람이 이 세상에 얼마나 있겠는가? 너에게는 위대하고 강인한 의지를 지닌 소수의 선택된 인간들만 소중했겠지만 우리는 바닷가의 모래알보다 많은 나약한 인간들을 책임져야 했다. 우리는 네가 거부한 지상의 빵이라는 깃발을 대신 받아서 사람들에게 평온과 행복을 주었다. 마침내 사람들은 자기들을 양 떼처럼 이끌어 주고 자유라는 무거운 짐을 덜어 준 우리에게 복종하며 기뻐 어쩔 줄 몰라 했지."

대심문관은 말을 멈추고 예수의 대답을 기다렸다. 그러나 예수는 대심문관의 눈을 똑바로 쳐다보며 묵묵히 듣고만 있었다. 대심문관

 근대인의 탄생 프로테스탄티즘의 윤리와 자본주의 정신

은 예수의 침묵이 못 견디게 괴로워서 아무 대꾸라도 해 주길 바랐다. 안절부절못하는 대심문관을 바라만 보던 예수는 조용히 몸을 일으켜 아흔 살에 가까운 대심문관의 마른 입술에 가볍게 입을 맞췄다. 그것이 예수의 대답이었다. 대심문관은 몸을 부르르 떨었다. 그는 감옥 문을 열고 말했다.

"어서 나가라. 그리고 다시는 돌아오지 마라, 절대로."

예수는 조용히 그곳을 떠났다.

이 이야기는 도스토옙스키(Ф. Достоéвский, 1821~1881)의 소설 『카라마조프의 형제』(1880)에 들어 있는 「대심문관」의 내용을 간략하게 옮긴 것이다. 소설에서 카라마조프가家의 둘째 아들 이반이 셋째 알료샤에게 들려주는 자작 극시인 「대심문관」은 단순히 소설의 일부분이 아니라 중요한 철학 논문으로 취급되며 오늘날까지도 많은 논쟁을 불러일으키고 있다.

「대심문관」은 독일에서 막 시작된 종교개혁에 아무런 영향도 받지 않고 가톨릭의 지배가 굳건하던 16세기 에스파냐를 무대로 예수가 세상에 다시 내려오는 가상의 상황을 그리고 있다. 가톨릭 지도자인 대심문관은 예수를 환영하기는커녕 "왜 돌아왔냐?"고 타박하며 급기야 화형에 처하려고 한다. 그런데 그가 예수를 거부하는 이유는 단지 자신의 권력을 지키기 위해서가 아니다. 그는 '인류를 진정으로 사랑하는 마음' 때문에 예수를 거부한다고 주장한다.

대심문관은 신의 구원이나 영혼의 불멸을 믿지 않는다. 그는 신이 없거나 설사 있더라도 인간에게 아무 도움이 안 된다는 사실을 깨닫고 지상에 '인간의 왕국'을 세우려고 한다. "돌을 빵으로 만들면 전 인류가 너의 뒤를 따르리라."는 악마의 유혹을 뿌리친 예수를 원망하면서 하늘의 빵이나 자유가 아닌, 오직 '지상의 빵'만이 인류에게 행복을 줄 수 있다고 믿는다.

물론 인간이 살아가는 데 있어서 빵은 반드시 필요하다. 빵이 없다면 굶어 죽을 자유, 자살할 자유가 아니면 노예가 되는 자유밖에 없다. 그러나 대심문관의 주장은 인간에 대한 모독이다. 인간이 스스로 자유를 짊어질 만큼 강하지 못하기 때문에 노예로 살 때만 행복할 수 있다는 말에는 인간에 대한 이해나 존중이 조금도 들어 있지 않다. 대심문관은 인간을 빵만 주면 군소리 없는 동물 정도로 보고 있지만 사실 인간은 매우 복잡하고 그 깊이를 알 수 없는 존재다. 먹고사는 것 외에도 수없이 많은 욕구를 지니고 있으며 변덕스럽기도 그지없다.

베버는 단순한 물질적 이해관계로 복잡한 인간을 결코 이해할 수 없다는 믿음을 가지고 있었다. 그는 인간이 빵만으로는 살 수 없는, 무척 복잡한 존재라는 것을 잘 알고 있었으며 아무리 뛰어난 사회과학자라고 해도 인간과 사회에 대해 매우 작은 부분밖에 알아낼 수 없다고 생각했다. 그는 인간이 자유로운 존재라는 사실에 대해

 근대인의 탄생 프로테스탄티즘의 윤리와 자본주의 정신

한 점 의심이 없었으며 아직 실현되지 않은 무수한 가능성을 지니고 있다고 믿었다.

그런데 여기서 얘기하는 자유는 인간이 무슨 일이든 마음대로 할 수 있다는 의미가 아니다. 방종과 나태, 쾌락을 누리는 것은 결코 자유가 아니다. 자유는 선택의 자유를 의미한다. 즉 스스로 중요한 가치를 선택하고 그것을 일관되게 지향하는 것이 바로 진정한 자유다. 평생 수도원 안에서만 살면서 금욕적인 생활을 하는 수도사들이 쾌락을 쫓아 끊임없이 방황하는 사람보다 더 자유로울 수 있다. 스스로 선택한 가치를 위해 하루하루 성실하게 살아가고 있기 때문이다. "세상에 신이 어디 있냐? 내가 어떻게 살든 무슨 상관이냐?"며 마구잡이로 살아가는 인간은 자유가 아니라 방종을 누리고 있을 뿐이다.

자신의 삶을 산다는 것은 결코 쉬운 일이 아니다. 삶은 어려운 선택의 연속이다. 자유인이 된다는 것은 선택이라는 무거운 짐을 남의 손에 맡기지 않고 스스로 짊어진다는 것을 의미하는데, 대심문관이 말했듯이 그것은 매우 강인한 의지를 지닌 인간에게만 가능한 일이다. 인간에게 무한한 가능성이 있긴 하지만, 새로운 가능성을 찾고 자신의 삶을 사는 것은 오직 자유라는 무거운 짐을 짊어질 때만 가능하다.

　서구 근대 자본주의는 온몸에서 피를 흘리는 괴물이나 사악한 악마의 모습으로 갑자기 세상에 뚝 떨어진 것이 아니었다. 더 나은 삶을 위해 고민했던 수많은 학자들의 노력과 과학, 법, 제도 등의 기나긴 합리화 과정을 통해 조금씩 만들어진 것이었다. 또한 베버가 밝혔듯이, 영혼의 구원을 위한 종교적 노력이 예기치 않게 힘을 보탠 결과이기도 했다. 그러나 사람들이 더 나은 삶을 위해 만들어 낸 것이 오히려 자신을 괴롭히는 굴레가 되기도 한다. 기계의 힘을 이용해 하루에 4시간만 일하고도 넉넉하게 살 수 있을 것이라고 기대했던 사람들은 얼마 지나지 않아 기계보다 더 열심히 일해야만 먹고살 수 있다는 것을 깨닫게 되었다. 자신이 창조한 괴물에게 쫓기는 프랑켄슈타인 박사처럼 현대인들은 자신들이 만들어 낸 자본주의에 얽매이고 말았다.

　오늘날 우리들에게 진정으로 자신의 삶을 산다는 것, 자유인이 된다는 것은 무엇을 의미하는가? 스스로 직업인이 되고자 했던 청교도들과 달리 직업인일 수밖에 없는 우리는 어떻게 우리 자신의 삶을 만들어야 하는가? 베버는 결코 혁명이나 해방을 얘기하지 않았다. 그는 기독교의 구원도, 사회주의의 구원도 믿지 않았고 "세계를, 사람들을 강제로라도 구원해야 한다."는 말에 결코 동의하지 않았다. 세계를 구원하는 것보다 한 개인이 자유를 누리고 자신의 삶을 사는 것, 즉 자기 자신을 구원하는 일이 더 중요하고 더 어렵다고 보았다.

따라서 베버는 '가치의 다신교'라 할 수 있는 현대사회에서 어떤 신을 섬겨야 할 것인가 질문하는 사람들에게 아무런 대답도 해 줄 수 없었다. 단지 어떤 신을 섬겨야 할 것인지 결정하는 것은 오직 우리 자신의 선택에 달려 있으며 누구도 그 선택을 대신해 줄 수 없다는 사실을 냉정하게 지적했을 뿐이다. 죽을 때까지 예언자 노릇하기를 거부하고 냉철한 사회과학자로서 살고자 했던 베버가 사람들에게 줄 수 있는 충고는 단 하나였다. '스스로 선택한 가치를 위해 일상에서 해야 할 일들을 하나씩 성실하게 해 나갈 것', 오직 그것이 전부였다.

현실은 강철 상자처럼 너무나 견고하고, 무엇이 진정한 성공이고 실패인지 의문을 품을 겨를 없이 모든 사람들이 지상의 빵을 차지하기 위해 달려가야 하는 것처럼 보인다. 그러나 베버는 인간의 자유와 역사의 무한한 가능성을 보여 주었다. 그는 오늘날 우리의 삶에 가장 큰 영향을 미치는 자본주의라는 현실 역시 인간에게 정해진 운명이 아니라, 수많은 가능성 중에서 우연히 선택된 하나의 결과에 지나지 않음을 증명했다. 나비의 작은 날갯짓이 폭풍을 몰고 오듯이, 사람들이 저마다 자신의 삶에 진정으로 몰두하여 스스로 선택한 중요한 가치를 위해 노력할 때 역사의 거대한 변화가 시작될 것이다.

1. 『프로테스탄티즘의 윤리와 자본주의 정신』의 번역본

김덕영 옮김, 『프로테스탄티즘의 윤리와 자본주의 정신-보론: 프로테스탄티즘의 분파들과 자본주의 정신』, 길, 2010.
박성수 옮김, 『프로테스탄티즘의 윤리와 자본주의 정신』, 문예출판사, 1995.
김현욱 옮김, 『프로테스탄티즘 윤리와 자본주의 정신 外』, 동서문화사, 1978.
Translated and Introduced by Stephen Kalberg, *The Protestant Ethic and the Spirit of Capitalism with Other Writings on the Rise of the West*, Oxford University Press, 2009.

이 책의 인용문은 대부분 김덕영의 번역을 그대로 따랐으나 몇 가지 용어들은 박성수, 김현욱의 번역을 따랐다. 예를 들어 김덕영은 니체의 '최후의 인간들'을 '마지막 단계의 인간들'로 고쳤으나 이 글에서는 익숙한 예전 표현을 대신 썼다. 필자가 독일어를 몰라서 베버의 독일어 원전은 볼 수 없었으며 칼버그의 영문 번역을 일부 참조했다.

2. 베버의 다른 저작

박성환 옮김, 『경제와 사회 I』, 문학과지성사, 1997.
전성우 옮김, 『직업으로서의 학문』, 나남, 2006.
전성우 옮김, 『직업으로서의 정치』, 나남, 2007.
전성우 옮김, 『막스 베버 종교사회학 선집』, 나남, 2008.
염동훈 옮김, 『문화과학과 사회과학의 방법론 I』, 일신사, 2003.
『직업으로서의 학문』과 『직업으로서의 정치』는 사회과학 전공자가 아니더라도 교양을 쌓기 위해 읽어 볼 만하다.

3. 베버의 삶에 대한 평전

마리안네 베버, 민병산 옮김, 『막스 베버의 생애』, 일신서적출판사, 1995.
H. N. 퓨겐, 박미애 옮김, 『막스 베버: 사회학적 사유의 길』, 서광사, 1994.
김덕영, 『막스 베버, 이 사람을 보라』, 인물과사상사, 2008.

마리안네 베버의 전기는 베버의 생애를 알고자 하는 사람이 제일 먼저 찾아보아야 할 책이다. 그런데 불행히도 이 책은 번역이 매우 좋지 않다. 또한 퓨겐의 평전은 애매모호하게 서술한 부분이 많아서 베버에 대해 잘 모르는 사람이 보기에 적합하지 않다. 김덕영의 저작은 베버에 비추어 국내 학계의 자성을 목적으로 하고 있기에 저자의 주관이 많이 들어가긴 했지만 제일 편하게 읽을 수 있다.

참고 문헌

1. 프롤로그와 에필로그를 위해 참고한 책

벤저민 프랭클린, 이계영 옮김, 『프랭클린 자서전』, 김영사, 2001.

벤저민 프랭클린, 이종인 옮김, 『젊은 상인에게 보내는 편지』, 두리미디어, 2008.

표도르 도스토예프스키, 김학수 옮김, 『카라마조프의 형제』, 범우사, 1995.

이종진 편역, 『도스또예프스키 대심문관』, 한국외국어대학교 출판부, 2004.

2. 종교개혁 해설을 위해 참고한 책

이성덕, 『종교개혁 이야기』, 살림, 2006.

파울 틸리히, 잉게베르트 C. 헤넬 엮음, 송기득 옮김, 『그리스도교 사상사 – 원시교
단부터 종교개혁 직후까지』, 대한기독교서회, 2005.

티모시 존스, 배응준 옮김, 『하루 만에 꿰뚫는 기독교 역사』, 규장, 2007.

S. 오즈맹, 박은구 옮김, 『프로테스탄티즘: 혁명의 태동』, 혜안, 2004.

셸던 월린, 강정인 · 공진성 · 이지윤 옮김, 『정치와 비전1』, 후마니타스, 2007.

3. 독일 역사 해설을 위해 참고한 책

메리 풀브룩, 김학이 옮김, 『분열과 통일의 독일사』, 개마고원, 2000.

이민호, 『새 독일사』, 까치, 2003.

프레데리크 들루슈 편, 윤승준 옮김, 『새유럽의 역사』, 까치, 1995.

4. 베버의 사상 해설을 위해 참고한 책과 논문

이종수 편저, 『막스 베버의 학문과 사상』, 한길사, 1981.

박성환, 『막스 베버의 문화사회학과 인간학』, 문학과지성사, 1992.

김광기, 『뒤르켐&베버-사회는 무엇으로 사는가』, 김영사, 2007.

노명우, 『프로테스탄트 윤리와 자본주의 정신, 노동의 이유를 묻다』, 사계절, 2008.

로버트 그린 엮음, 이동하 옮김, 『프로테스탄티즘과 자본주의-베버 명제와 그 비판』,
　　　　종로서적, 1986.

칼 뢰비트, 이상률 옮김, 『베버와 마르크스』, 문예출판사, 1992.

오오쯔까 히사오, 임반석 옮김, 『베버와 마르크스』, 신서원, 1996.

마이클 노박, 허종열 옮김, 『가톨릭 윤리와 자본주의 정신』, 한국경제신문사, 1994.

앨버트 허쉬먼, 김승현 옮김, 『열정과 이해관계-고전적 자본주의 옹호론』, 나남,
　　　　1994.

브라이언 터너, 최우영 옮김, 『막스 베버, 근대성과 탈근대성의 역사사회학』,
　　　　백산서당, 2005.

루이스 A. 코우저, 신용하 · 박명규 옮김, 『사회사상사』, 시그마프레스, 2003.

앤서니 기든스, 임영일 · 박노영 옮김, 『자본주의와 현대사회이론』, 한길사, 2008.

키어런 앨런, 박인용 옮김, 『막스 베버의 오만과 편견』, 삼인, 2010.

강성화, 「프로테스탄티즘의 윤리와 자본주의 정신」, 서울대 철학사상연구소,
　　　　『철학사상』 별책 7권 18호, 2006.

김용환, 「막스 베버의 종교 · 경제 윤리」, 충북대 중원문화연구소, 『호서문화연구』
　　　　12권, 1994.

전성우, 「막스 베버 종교사회학의 이론적 틀」, 한양대 민족학연구소, 『민족과 문화』
　　　　10권, 2001.

박영신, 「'프로테스탄트 윤리'의 재인식」, 한국인문사회과학회, 『현상과 인식』
　　　　4권 4호, 1980.

이남석, 「베버의 '자본주의 정신'의 형성과 발전에 관한 고찰」, 한국정치연구회,

『정치비평』 3권, 1997.

송기섭, 「『프로테스탄트 윤리와 자본주의 정신』에 나타난 '막스 베버의 칼빈주의' 에 대한 고찰」, 서울대 종교학연구회, 『종교학 연구』 22권, 2003.

강희경, 「막스 베버의 자본주의 기원에 대한 재검토」, 한국인문사회과학회, 『현상과 인식』 7권 2호, 1983.

우홍준, 「『프로테스탄트 윤리와 자본주의 정신』에 나타난 막스 베버의 이념형적 방법론」, 한국행정학회, 『한국행정학보』 42권 3호, 2008.

나인호, 「'자본주의 정신' – 독일 부르주아지의 근대비판 담론」, 한국서양사학회, 『서양사론』 80권, 2004.

이종수, 「베버의 '윤리 논문' 을 다시 읽는다」, 충남대 사회과학연구소, 『사회과학논총』 5권, 1994.

양창삼, 「막스 베버의 프로테스탄트 윤리와 자본주의 정신에 관한 비판적 연구」, 한양대 경제연구소, 『경제연구』 7권 1호, 1986.

김용기, 「막스 베버의 합리성에 관한 일고찰 – 종교적 영역에서의 합리화를 중심으로」, 연세대 사회발전연구소, 『연세사회학』 5호, 1983.

김동노, 「현대사회 형성에 있어서 합리성의 문제: 막스 베버의 종교 – 역사학의 이론적 재구성」, 연세대 사회발전연구소, 『연세사회학』 14호, 1994.

김영호, 「관념과 이해 관심: 막스 베버 『종교사회학 모음 논집』의 '서론' 과 '중간 고찰' 의 이해」, 한국사회사학회, 『사회와 역사』 31권, 1991.

박광작, 「막스 베버의 자본주의 체제에 대한 일 평가」, 한독경상학회, 『경상논총』 21집, 2000.

박용태, 「'유교자본주의론' 의 베버 이론에 대한 오해-'프로테스탄티즘과 자본주의의 친화력' 문제를 중심으로」, 동양철학연구회, 『동양철학연구』 50집, 2007.

박태호, 「근대적 주체와 합리성-베버에서 푸코로?」, 한국산업사회학회, 『경제와 사회』 24호, 1994.

서이종, 「막스 베버의 자본주의 '정신' 문제의식과 그 이론적 특성」, 한국이론사회학회, 『사회와 이론』 13집, 2008.

양영진, 「막스 베버의 사회이론에서 관념의 역할」, 한국사회학회, 『1991년도 후기사
　　회학대회 발표논문집』, 1991.

이종헌, 「'자본주의 옹호자' 로서의 막스 베버?-그 수용의 '한국적 기원'에 대한 탐
　　구」, 한독사회과학회, 『한 · 독사회과학논총』 15권 2호, 2005.

전성우, 「막스 베버의 근대 자본주의 발생론 I, II - 서구 중세도시 시민계급의 형성
　　을 중심으로」, 한국사회학회, 『한국사회학』 20집, 1987.

김용학 · 장덕진, 「베버의 가치와 사실의 비대칭적 분리: 가치연관과 가치중립성을
　　중심으로」, 한국사회학회, 『1991년도 후기사회학대회 발표논문집』, 1991.

김중섭, 「한국에서의 막스 베버 연구」, 한국인문사회과학회, 『현상과 인식』 4권 4호,
　　1980.

양영진, 「종교집단에 대한 일 고찰: 베버와 뒤르켐의 비교」, 한국사회학회,
　　『한국사회학』 23집, 1990.

1415년   후스, 콘스탄츠 공의회에서 화형당함.

1438년   플로렌스 공의회에서 7가지 성례전 확정.

1450년   구텐베르크, 유럽에서 처음으로 금속활자 인쇄술 창안. 인쇄술 보급으로
          종교개혁이 촉진됨.

1476년   교황 식스투스 4세, 면벌부의 효력 인정.

1480년   (에스파냐) 이단 심문을 위한 종교재판소 설치.

1516년   에라스뮈스, 그리스어 『신약성경』 편찬.

1517년   루터, 95개 조항문 발표.

1519년   카를 5세 신성로마제국 황제로 즉위. 루터는 로마 가톨릭교회와 결별.

1523년   취리히 시 참사회가 츠빙글리의 개혁을 채용.

1524년   독일 농민 전쟁.

1525년   재세례파, 믿는 자에게만 세례를 베풂.

1526년   틴들이 번역한 영어 『신약성경』 출간.

1529년   슈파이어 제국회의에서 루터파 제후들이 ‘프로테스탄트’로 불림.

1530년   루터파가 아우크스부르크 신앙고백을 카를 5세에게 제출함.

1531년   프로테스탄트 제후들이 슈말칼덴 동맹 결성.

1534년   (영국) 국교회 성립, 가톨릭에서 탈퇴.

1535년   뮌스터 학살. 재세례파가 핍박받음.

1536년   칼뱅, 『기독교 강요』 초판 출간.

1545~1563년   트리엔트 공의회에서 면벌부와 성직 판매 금지.

　　　　　　성직자의 금욕 강조.

1555년   아우크스부르크에서 가톨릭과 프로테스탄트가 화해 조약을 맺음.

1562~1598년   (프랑스) 위그노 전쟁.

1572년   (프랑스) 성 바르톨로메오 축일 대학살.

1598년   (프랑스) 낭트칙령으로 프로테스탄트 신앙 인정됨.

1607년   (영국) 일부 청교도 네덜란드로 도피.

1609년   존 스미스, 침례교 창시.

1618년   독일에서 30년 전쟁 발발.

1620년   메이플라워호가 신대륙 매사추세츠 플리머스에 도착함.

1633년   갈릴레이, 지동설을 지지하다가 종교재판에 회부됨.

1642년   (영국) 청교도 혁명(~1660).

1646년   (영국) 청교도들이 웨스트민스터 신앙고백 발표.

1648년   베스트팔렌 조약으로 30년 전쟁 종결.

1650년   백스터, 『성도의 영원한 안식』 출간.

1667년   밀턴, 『실낙원』 출간

1864년　4월 21일, 독일 에르푸르트에서 아버지 막스 베버 1세와 어머니 헬레네의 4남 4녀 가운데 첫째로 태어남.

1868년　뇌막염을 앓음. 남동생 알프레트 베버 탄생.

1869년　가족이 베를린으로 이사.

1870년　마리안네 슈니트거 탄생.

1872년　아버지가 독일 제국 의회의 의원이 됨. 사회정책학회 창립.

1877년　13세의 나이에 독일사와 로마 제정에 대한 논문을 씀.

1882년　하이델베르크 법과 대학에 입학.

1883년　슈트라스부르크에서 1년 지원병으로 군 복무 시작. 이모 가족과 가깝게 지냄. 슈트라스부르크 대학에서 역사학 공부.

1884년　군 복무를 마치고 베를린 대학에서 공부.

1885년　괴팅겐 대학에서 법학 국가시험 준비.

1887년　사촌 에이미와 연인 관계가 됨(1893년까지 지속).

1889년　베를린 대학에서 골트슈미트의 지도로 법학 박사 학위 취득(논문명:「이탈리아 도시의 가계 공동체 및 산업 공동체에서 형성된 합명회사의 연대 책임 원리와 특별재산의 발달」).

1892년　베를린 대학에서 마이첸의 지도로 교수 자격 취득(논문명:「국가법 및 사법의 의미에서 본 로마 농업사」). 사회정책학회의 위탁으로 엘베 강 동쪽 지역 농민 실태 연구. 로마법과 상법, 독일법 강의.

1893년　마리안네 슈니트거와 결혼.

1894년   프라이부르크 대학 경제학 및 재정학 교수로 초빙됨. 프라이부르크로 이
         사.

1895년   프라이부르크 대학에서 '민족국가와 경제 정책'이라는 주제로 교수 취임
         강연을 함.

1897년   크니스의 후임으로 하이델베르크 대학 경제학 및 재정학 교수로 초빙됨.
         하이델베르크로 이사. 아버지와 심하게 다툰 후 한 달여 만에 아버지 막스
         베버 1세 사망. 신경증, 우울증 시작됨.

1898년   병에 시달림. 일을 할 수 없는 상태가 됨.

1899년   하이델베르크 대학에 사직서를 제출하나 무기한 휴직 처리됨.

1903년   「프로테스탄티즘의 윤리와 자본주의 정신」 집필 시작. 교수직에서 물러나
         명예 교수가 됨.

1904년   프라이부르크 대학 시절 동료였던 하버드 대학 교수 후고 뮌스터베르크의
         초청으로 뉴욕 방문. 3개월 동안 미국 여행. 『사회과학과 사회정책 저널』
         에 「프로테스탄티즘의 윤리와 자본주의 정신」 1부 발표(11월).

1905년   『사회과학과 사회정책 저널』에 「프로테스탄티즘의 윤리와 자본주의 정
         신」 2부 발표(6월). 러시아어 공부.

1908년   마리안네 베버, 외할아버지의 유산을 상속받음.

1909년   독일 사회학회 창립. 베버는 회계 담당 이사를 맡음. 사회정책학회 총회에
         서 가치판단 논쟁이 벌어짐.

1910년   '베버 서클'이라고 불리는 모임이 생기고 루카치, 블로흐 등이 참석함.

1912년   2차 독일 사회학대회가 끝난 후 이사회에서 탈퇴.

1914년   제1차 세계대전이 발발하자 야전병원 위원회의 훈육장교가 되어 야전병
         원 설립과 관리를 맡음.

1915년   남동생 카를 전사. 야전병원에서 퇴역하고 종교사회학 연구에 몰두(1918
         년까지 『세계 종교의 경제 윤리』의 「서론」, 「유교와 도교」, 「중간고찰」, 「힌두교와 불
         교」, 「고대 유대교」 발표).

1917년   뮌헨 대학에서 '직업으로서의 학문' 강의.

1919년　뮌헨 대학에서 '직업으로서의 정치' 강의. 브렌타노의 후임으로 뮌헨 대학 사회과학, 경제사 및 경제학 교수로 초빙됨. 뮌헨으로 이사. 『종교사회학 논문집』(전 3권) 출간 준비(사후 출간). 어머니 헬레네 베버 사망.

1920년　『경제와 사회』(전 2권) 출간 준비(사후 마리안네 베버가 편집하여 출간). 6월 14일 뮌헨에서 폐렴으로 사망(56세), 하이델베르크에 안장됨. 『종교사회학 논문집』 제1권 출간(아내 마리안네에게 헌정).

1954년　마리안네 베버 사망.

나의 고전 읽기 18
근대인의 탄생 프로테스탄티즘의 윤리와 자본주의 정신

© 김성은 2011

2011년 1월 30일 초판 발행
2019년 8월 1일 초판 5쇄

글쓴이 김성은
기획자문 김미정
그림 김태권 | 포맷디자인 안지미

발행인 김영진
사업총괄 나경수 | 본부장 박현미 | 사업실장 백주현
개발팀장 박재영 | 편집관리 서정희
디자인팀장 박남희 | 디자인관리 김가민
아동마케팅팀장 박충열 | 아동마케팅 김세라, 강륜아, 전현주, 정재성, 김보경, 이강원,
정슬기, 허성배, 신해임, 설유상, 정재욱
출판기획팀장 김무현 | 출판기획 이병욱, 강선아, 이아람
출판지원팀장 이주연 | 출판지원 이형배, 양동욱, 강보라, 전효정, 이우성

펴낸곳 (주)미래엔
등록 1950년 11월 1일 제16-67호
주소 서울시 서초구 신반포로 321
전화 (미래엔 고객센터) 1800-8890, (팩스) 541-8249
홈페이지 www.mirae-n.com

ISBN 978-89-378-4615-1 44300
　　　978-89-378-4141-5 (세트)